바람이 불어오길 기다린다

바람이 불어오길
기다린다 •━━━━━━━━━━━━━━━━━━━━━━━━━━━

초판 1쇄 인쇄 | 2014. 06. 30
초판 1쇄 발행 | 2014. 07. 10

지은이 | 김명자
펴낸이 | 백도연
펴낸곳 | 도서출판 세움과비움
신고번호 | 제 2012-000230호
주소 | 서울 마포구 양화로16길 18(서교동)
            Tel. 02-704-0494 Fax. 02-6442-0423
seumbium@naver.com

디자인 | 명상완

ISBN 978-89-98090-10-4 03230

값 11,000 원

바람이 불어오길
기다린다

김명자 영성 에세이

세움과비움

Prolog

사람이 사는 이 세상에는
모든 사람들이 각각의 인생 성공의 꽃들을
피우기 위한 혼의 이야기들로 가득하지만
그 이야기들을 다 듣다보면
울고 있는 영혼 하나를 갖고 있는 사람들도 볼 수 있고
하늘의 씨를 받아서 잉태시킬 순결한 신부와도 같은
영혼을 가진 사람들도 있으며
자기의 몸 안에서 참 생명인 신의 아들을 탄생시킬
산모와도 같은 영혼의 사람들도 있으며
참된 어머니 같은 영혼의 사람들도 있음을 보게 되는데
경외하는 마음으로 조용히 경건의 박수를 보내고 싶어진다.
그래서, 누가 내게 조그만 바람이 무엇이냐고 묻는다면
이러한 영혼의 사람들과 함께 모여
가도 가도 끝이 없는 영혼의 이야기 꽃들을 피우며
자연 속에서 소박한 삶을 살아보고 싶다고 말하리라.

"사랑합니다"라는 말 한 마디 하지 않았어도

눈짓, 몸짓으로 살며시 다가와

"자유와 사랑"을 남겨 주고 떠나간 바람 같은

그대와 그대들을 만나 영혼과 몸의 에너지 공급을 받았답니다.

시간이 흐를수록 더 새로운 에너지 공급이 주어지네요.

이상한 요술 방망이!

"삶에 부는 바람"

전체의 시대를 이루자

오라 오라 해도 오지 않던 계절이 스스로 찾아오듯이
가라 가라 해도 가지 않던 계절이 스르르 물러가듯이
인생의 생사화복이 스스로 왔다가 스르르 물러가고
물러갔다가 다시 찾아오는데….
사계절이 흐름 따라 찾아올 때마다
모든 만물들은 마음껏 누리고 살아가는 것을!
이와 같이 인생의 사계절이 찾아올 때마다 마음껏 흐름 타고
누리면서 살아가야 하겠음을 유난히 느끼게 해주는 올가을인
것 같다.
"생·사·화·복"
이생을 살면서 소풍놀이 잘하고 집으로 돌아가는
그러한 즐거움 속에서 살았어야 후회가 없을 것이 아닌가!
이생의 주인공이 내가 되어서 살다가 갈 것이냐.
아니면, 이생의 종이 되어서 살다가 갈 것이냐.
생사화복의 주인공이 누구인가!

내가 주인공으로 소풍놀이 나왔다면
인생살이를 멋스러움으로 살았을 것이요,
내가 종으로 살았다면 얼마나 힘들고 고통스럽게 살았을 것인
가! 찾아오는 사계를 마음껏 누리면서 이생을 이루며 살아야
하는 것을 모르고 살아왔는데 이제사 나의 인생길을 되돌아보
니 두려움 속에서 근심 걱정을 놓지 못하고 벌~벌 떨며 누리
지 못했다.
그러나, 그러함 속에서도 단 한 가지,
놓을 수가 없었던 것이 있었는데 그것은 어떤 계절이 찾아와
도 사랑과 자유와 거룩과 초월을 내 영혼 속 깊은 곳에서 찾아
떠나온 인생 여정의 길이 아니었나 싶다.
결국에는 이 육신 세상도 홀로서기를 배워온 것뿐만 아니라,
내 영혼 세상도 영과 생명인 진리의 몸을 이루어가는 삶에서
의 홀로서기를 살아온 것 아닌가 싶다.
인생의 주인공은 "나"였음을!
사랑의 나, 자유의 나, 거룩의 나, 초월의 나.
그런 나로 살아가기 위한 항해의 삶이었음을 보게 되는구나!

생사화복의 주인공이 되어 살아가려면,

영과 생명으로 다시 태어난 존재가 되어 있어야만 살아갈 수 있는 것이지

거듭나지 아니 했으면 종으로 살 수밖에 없어!

원수의 나, 속박의 나, 가둠의 나, 불의의 나.

이런 나로 살 수밖에 없으니 어찌 사망의 삶을 살았다 말하지 않을 수가 있겠는가!

원한과 원망과 저주만을 가득 실은 한 척의 배처럼 말이다.

자, 지금까지 노를 저으면서 온 배를 잠시 멈추고

무엇을 싣고 왔나 샅샅이 구석구석 살펴보자.

사랑과 자유와 거룩과 초월을 싣고 온 영과 생명인 진리의 삶이었다면, 계속해서 쉬지 않고 항해를 시작할 것이요,

원한과 속박과 불의와 가둠의 짐을 싣고 온 율법과 사망인 육의 삶이었다면 과감하게 바다에 던져버리고(맷돌처럼 던져버리고) 새롭게 방향을 틀어 항해를 시작하자.

생 · 사 · 화 · 복을 항해하는 인생살이.

사랑과 자유와 거룩과 초월로 물들여진 신의 사람이 되었는가.

원한과 속박과 불의와 가둠으로 물들여지는 혼의 사람이 되었는가.

자세히 살펴보고 새롭게 또다시 여행을 시작하자.

자~ 떠나자.

다시 출발.

남아있는 인생의 나머지 때를…!

축배의 잔을 들고 마지막 끝 날까지…!

그대와 나

그대와 나
이제는 손에 손을 잡고
작은 한 바위섬을 걷기 시작하네요.
경이롭고도, 아름다운 생명의 몸들로

우리는 둘 다
손잡지 않은 다른 한 손
대롱으로 꽃가루들을 빨아들여요.
그대는 하늘 안에서
나는 땅에서
사랑과 자유와 거룩과 초월의
진액들을 빨아올려요.

그대와 나
하는 일은 이 일뿐입니다.
이렇게 이 일은 하면 할수록
우리 둘의 삶은
풍요하고, 넉넉해집니다.

그대와 나
이 작은 바위섬에서
사랑과 자유와 거룩과 초월로부터
흘러내리는 그 사랑으로
영들이 소생하는 노랫소리 들으며
아름다이 생명동산 이루며 살아가요.

사랑아, 사랑아, 내 사랑아!

잠자기를 즐겨하는 나.

역시 잠에서 벌떡 깨어 일어나게 하는 방법 중 하나가 통증보다 더 좋은 것은 없구나!

"아버지 품속에 얼굴을 묻고 울며 살던 때가 얼마나 있었던가!"

지나고 보니, 아버지 가슴에 얼굴을 묻고 흐느끼며 눈물을 흘리고 살던 때가 이 세상 살면서 가장 행복한 시간들이 아니었을까 싶다.

아버지 품속에 있는 그 큰 사랑을 물려받은 자가 되기까지

얼마나 많은 눈물들을 흘렸던가!

기뻐서도 울고, 슬퍼서도 울고, 괴로워서도 울고, 서러워서도 울고…

이 세상 기댈 곳 없어 오직 날 낳으시고 기르시는 아버지 품속에 얼굴을 묻고 울었던 그 세월들.

이 자식을 바라보고 늘 행복해 하시지만,

깊은 곳에서는 눈물짓고 있는 부모의 심정을 보는 것과 똑같
이…

하늘도 울고 땅도 울고, 아버지도 울고 나도 울고,

함께 울고 있었던 그 시간과 세월들.

이 세상 정둘 곳 없어 아버지 품속만 그리도 찾아 헤맸었네.

이제는 내게서 사라진 당신.

기대어 울고 싶어도 그 아버지 사라져 버렸네.

어데 가서 얼굴을 묻고 또 울어 볼꺼나…!

사랑아! 사랑아!

내게 넘겨 주고 떠나간 사랑아!

이보다 더 큰 사랑이 어데 있으랴!

떠나간 사랑아! 사랑아!

찾아온 사랑아! 사랑아!

모든 만물을 사랑하는 사랑이 되기까지,

눈물로 연단되던 그 세월도 아름다웁지만,

그 사랑 자체는 너무 아름답고 찬란해!

이제는 내가 나에게 불러 봅니다.

찾아온 사랑아! 사랑아!

내 사랑아……!

하나됨을 위하여

하나됨
찾아 나선 이 길이
그리도 멀고 먼 길이었나!

가장 가까운 지척에 있었음에도
가장 멀고 먼 곳에 있는 줄 알고
그리도 방황하고 유리하며 찾아 헤맸네.

아~
인간의 머리와 가슴 사이의 길.
이 길이 그렇게도 먼 곳이란 말인가!

머리와 가슴 사이를 이어주는 목 줄기
그리도 멀고 먼 흐르고 있는 강이었던가!

머리와 가슴 사이의 소통이 이루어질 때까지
목구멍이 포도청이라고 벌어야만, 살았듯이

사람이 떡으로만, 살 것이 아니요,
하나님의 입으로 나오는 말씀으로만 살 것이라고
살기 위해 말씀을 벌어야만 입 풀칠을 할 수 있었네.

머리와 가슴 사이를 오고 갈 수 있는
자유로운 영혼 하나!
될 때까지 수많은 세월.

천년이 네 번이나 지나가고
만년이 두 번이나 지나간 오늘.

천년설, 만년설 속에 누워 녹을 줄을 몰랐었구나!
새 창조의 새로운 세계에서 떠오른 태양이여!

그 사랑으로 녹이고 녹이여 만물들이 살아나게 하소서!
내 안과 내 밖의 만물들을 살게 하는 봄날이게 하소서!

사람 향기 꽃들이여!

꽃들은 벌 나비들에게
생명의 젖줄이요,

벌 나비들은 자기 쾌락만을 위해
한 세대를 살아가는 욕심쟁이들.

결국에는

꽃들을 수정시켜 놓고 떠나가는
가장 어리석은 바보들이다.

생태계 보존 유지를 위해 서로가
필요한 관계성으로 살아가지만,

아름다운 향기 꽃들이여!
그들과 다를 바 무엇이 있겠는가!

아름다운 사람 향기 꽃들이여!
사람 벌 나비들을 기다리지 말고

바람이 불어오길 기다리자.

오늘의 기도

조용히 잦아든 내면의 세상.
베레쉬트 너머의 보이지 않는 세상.

그 세상에서의 삶들을 어찌 펼쳐 나갈 것인가!
이제,
삽과 곡괭이와 온갖 농기구들을 다 갖추고 있는 영혼들인데
어떻게 이 모든 기구들을 사용하며 농사를 지어갈 것인가!

이들의 주인이시여!
이 작은 농부들에게 능력의 새 힘을 주소서!
그 씨앗들을 가지고 있는 그 땅의 주인들, 그 농부들입니다.

이들의 주인이시여!
이 작은 목수들에게 재능의 지혜를 내리소서!
모든 연장들을 다 준비해 놓은 하늘 목공소의 주인들입니다.

그 설계도를 따라서 그 집들을 지어갈 수 있는 작은 그 목수들
입니다.

이들의 주인이시여!
이 작은 어부들에게 확신의 용기를 주시옵소서!
모든 그물과 배와 기구들을 갖추고 있는 그 바다의 주인공들
섬 사람들이랍니다.

만군의 하나님!
만유와 만주의 주이신 아버지시여!

새로운 우주를 채워갈 새 땅과 새 하늘의 주인공들에게
땅과 후손과 축복을 받게 하신 당신의 백성들에게
땅에서의 수고로움이 이 세상 사는 동안에 기쁨과 감사로 살
아가게 하소서!

내 친구들

한 마리 새가 되어
창공으로, 나뭇가지 위 둥지로

한 마리의 벌과 나비 되어
빨강 꽃 노랑 꽃 보라 꽃 속으로
날아다니는 이유가 무엇인지를!

생명의 기(氣)를 다 쓰기 위해
이 아름다운 계절을 마음껏 노닐리.

오늘은 부시시 눈뜨면서
내 친구 된 자들
새, 벌, 나비, 꽃들을 만나본다.

참 좋은 나의 친구들이야!
어느 것 하나 속이는 자가 있던가!
자기 자신에게 속일 수 없는 그런 친구들
이들이 나의 친구라는 사실이 난 너무 기뻐!

밝은 햇살! 오늘 이 아침
눈뜨며 만난 나의 첫 친구들 만나서 즐겁다.
너희들과 오늘 함께 같이 살게.

나도 자연 속에서 자유로이 살고 있는
생명체들 가운데 하나로 들어가
살아 있어 마음껏 노닐며 살 거야!

그 나라를 향하여 행진할 때는
무리 무리 떼 지어 창공을 날아가는
그런 무리들 중의 하나로…!
아름다워라, 장관이로다!

이와 같이 대장 되신 그리스도.
그분만이 머리 되고 길잡이가 되어
행렬 지어 날아가는 기러기 떼같이
그 본향을 향하여 날아가는 영혼들.

저 많은 무리들이 어데서 쏟아져 나오는 것일까?
신기하도다. 당신이 낳아서 길러놓은 당신 백성들.
당신의 나팔소리 들리니 그리스도 안에서
모두 모두 날개 펴고 동서남북에서 모여 드는구나!
사방에서 불러 모으시는 당신의 자녀들.
대장 되신 그리스도 안으로….

지금까지 세상을 등지고 떠나온 영혼의 사람들
길가는 나그네와 행인들 같았던 "디아스포라"들
이제부터는 이 나그네와 행인의 삶도
끝을 내고 영원한 땅으로 안착되어 살기 위해
삽자루 곡괭이자루 호미자루 들고서
새벽에 떠오르는 해를 기다리고 있구나!
"해는 곧 뜨리라."

30

기다리며 나갈 준비들을 하세.

일터를 향해 "세상 밭으로."

지금 희어져서 추수할 때를 기다리고 있는 논과 밭으로

바람에 불려가길 기다리며!

홑씨로써 날아가는
꽃씨들이 아니라,
짝씨들로 날아가는
몸씨들이 되길…!
일기장을 정리하면서
기록된 글들에게
사랑하는 마음으로
속삭이며 말을 걸어 본다.
"책 모양으로 몸이 되어
세상에 태어나는 날부터
네게 바람이 불어 주거든
흘러 흘러 가다가
좋은 사람 만나
그 좋은 사람 영혼 속으로
쏙―들어가 그와 한몸되어

영원히 영원히
살아가기를 바랄게!"
결혼식 날 단장한 신랑 신부로
옷 갈아입고 나오는 한 쌍을
바라보는 부모들의 마음으로
다시 내 품에 안길 한권의 책.
그 "너"를 바라보고 싶어
이렇게 기다리고 있다.

꿈 이야기꾼으로 살리라

신께서 나 개인 한사람에게 주신
내 삶의 특별한 상황과 상태 중에 놓아주신 선물들.
"꿈과 그리고 환상과 들려온 소리들."
이것들이 그래도 꽤나 있었는데
그 중의 하나 "꿈"에 대하여
오늘은 생각해 보지 않을 수가 없다.
열서너 살 때부터 지금까지 선명하게
현실보다 더 분명하게 볼 수 있는 살아 있는 꿈들이
내 기억 속에 살아남아 있다.
그것들을 하나 하나
수 년 전에 따로 모두어 기록해 놓았던 노트가 있는데
그 노트를 열어보니 2007년 6월 28일 목요일이었다.
그날의 써놓은 그것을 그대로 옮겨놓아 보려고 한다.

– 꿈 모듬집 –

팔고 사는 꿈 모듬집이 아니랍니다.
누구든지 와서 가져가고 싶은 사람들이 있다면
다 가지고 갈 수 있도록
문을 열어놓고 기다리고 있는 모듬집이랍니다.
도둑들도 들어올 수 있고 강도들도 다녀갈 수 있으며
귀부인도, 걸인도 다 다녀갈 수 있는 모듬집이랍니다.
사람 주인이 없는 주막과 같은 곳에 놓여있는
꿈 모듬집이기에
누구든지 목마르거든 와서 값없이 사 먹으라고 말씀으로
열어 놓으신 성경 이사야서 55장 1절의 집처럼
찾아 들어와 맛보기를 원하는 자들이라면
찍어 먹어 보고 맛을 알아볼 수 있는 된장 같은
모듬집이랍니다.
그리고 마음껏 평가하고 마음껏 침을 뱉고 똥을 싸놓아도
무어라고 말할 사람이 하나도 없는 그러한
꿈 모듬집이 놓여 있는 빈집이랍니다.

허나,
이제는 나의 꿈 이야기보다
성경책 속에 기록되어 있는
꿈의 사람들 이야기를 찾아 읽어가면서
그 꿈속에 숨어있는 이미지 언어들을 찾아내어
더불어 내 영혼의 길을 확인하는 삶을 살아갈 뿐만 아니라,
내게 주신 선물인 꿈까지도 마음속에 숨은 사람 이야기를
하나하나 풀어가면서
심비의 성경 이야기를 해줄 수 있는 사람으로
영혼 세상의 정직한 이야기꾼으로
나의 남은 생을 살아가리라.

기도

오늘 같은 날의 행복감!
이 세상에서 맛볼 수 없는 행복입니다.
안에서 흘러흘러 넘치는 이 사랑의 부요함!
어데가서 살 수 있을까요!
온 가산을 다 팔아서 산다 한들
온 지구를 백 번, 만 번 돌고 돌아본다 한들
찾을 수 있고 살 수 있는 것일까.
이 마음 세상 안에서는
일 원 하나 값을 주지 않았어도,
1mm의 발걸음을 떼지 않았어도
원하지 않았어도, 바라지 않았어도
거저 받을 수 있었으니
이 웬 복일까요.
아버지여!
주시는 이 사랑 어찌해야 할까요.

이 주시는 사랑의 빚을 어찌 갚을 수 있을까요?

다만, 이 사랑 받아서 이 내 가슴 깊은 곳에

간직하고 보존하는 일밖에는 모르고

살아온 무글추니 같은 나에게

내 속에서 찬란히 빛나고 있는

이 구슬이 너무 좋아서

그것을 존귀히 여기는 일밖에는

갚을 길을 모르고 살아왔는데…!

이 사랑의 구슬이 내 안에서 빛을 잃지 않도록

늘 깨어있어 보존하고 간직하는 일밖에는

다른 방법을 모르고 살아왔는데…!

이 일만이 충성이요, 보답이요,

빚을 갚는 길이라고

알고 믿고 살아왔사온데,

이제는 더 좋은 길이 있으면 알고

이 빚을 갚으며 살아가게 하옵소서!

세월호를 통해서
– 9일째 되던 날에

나와 내 가족 식구들로만 구성된 아주 작은 조직 세상인 이 가정에서 나 하나로 살아가느라고 다른 어떤 것들에게는 전혀 관심을 가져본 적 없이 생활을 해온 나였는데 이번 일어난 참사 사건을 보며 우리나라의 민족성에 대하여 알고 싶어졌다.

내가 살고 있는 대한민국에 대하여 깊이 상고해 보는 기회가 주어진 셈이다.

'태극기가 가지고 있는 이미지 언어가 무엇일까?' 라는 생각이 들어서 인터넷을 열어 찾아보았다.

우주와 더불어 끝없이 창조와 번영을 희구하는 한민족의 이상을 담고 있는 국기란다. 우주 만물이 음양의 상호작용에 의해서 생성하고 발전한다는 대자연의 진리를 형상화로 나타낸 것이며 밝음과 순수를 바탕으로 하여 평화를 사랑하는 민족성이요 음과 양을 중심으로 통일의 조화를 이루어 간다는 의미를 지녔고 하늘과 땅 그리고 물과 불의 조화와 상호작용으로 민족의 화합과 통일을 이룩하고 인류의 행복과 평화에 이바지해야 한다는 사상을 지니고 있는 태극기라는 것을 알았다.

그래서 이러한 의미가 들어있는 태극기 앞에서 이제서야 소망을 갖고 대한민국의 앞날을 기대하며 내 마음 세상을 넓혀가고 싶어졌다.

나라에 대하여 관심이 주어진다는 뜻이겠지!

이 사건을 통해 객관적인 눈으로 바라보니 대한민국이 활~카닥 뒤집혀서 숨어있는 실체가 하는 일들이 다 드러나는 것 같은 그런 느낌을 받으며 과연 해 아래에서 살고 있는 인생들이 누가 누구를 비판하고 정죄하고 판단하고 헤아릴 수 있을까?

대한민국의 경제와 정치와 종교의 세력들이 하나되어 만들어 낸 합작품들의 결과가 다만 크게 드러난 표본(세월호 사건)일 뿐인데, 이 세상 굴러가는 메커니즘을 확실하게 드러내어 주고만 것뿐인데! 또 지켜보고 있는 모든 만백성들의 반응들을 바라보면서 과연 너는 어떤 자냐? 라는 생각이 들어 할 말이 도무지 없었다. 그래서 대한민국의 민족성에 대하여 정말 알게 되었고 누가 누구를 보기 전에 내가 나의 속을 들여다 볼 수 있는 기회여서 성경에 기록 되어 있는 "요나서"를 다시 한 번 읽어가게 되었다.

이 시대에 대한민국의 지도자들과 온 백성들이 자기 한 사람

한 사람 내면의 세계를 읽어낼 수 있는 좋은 기회와 성찰의 시간들이 되기를 간절한 마음으로 기도해 본다.

기독교인들뿐만 아니라 모든 종교인들과 그리고 이 땅에 살고 있는 모든 사람들이 다함께 이 시대의 표적이 무엇인지에 대하여 생각해 보는 기회가 되었으면 정말 좋겠으며 백성들은 침묵하며 지도자들은 지혜를 구하고 슬픔을 당한 유가족들은 국가와 온 백성들로부터 참된 위로와 한없는 사랑의 힘을 계속 공급 받아서 조금이라도 힘을 얻고 일어나 이 세월호 사건을 잘 해결해 가는 날들이 되기를 소원해 본다.

"요나서"를 통해서 나의 내면의 세계를 들여다보며 이제사 철이 조금 들었나 보다. 이 나이가 되어서야!

대한민국이라는 나라가 곧 "나의 나라"라는 사실을 눈을 뜨고 보게 되니 부끄럽고, 염치없지만, 이렇게라도 지금의 내 심경을 이곳에 남겨 놓아야 될 것 같아 기록해 둔다.

나 한 사람 안에서도 그러하거늘, 정말로 살기 좋은 대한민국이 될 때까지는 꿈 같은 이야기겠지만 꿈속의 꿈이라도 꾸어보고 싶어진다.

…… …… ……

몇 세대를 더 흘러가야 할지…!

드라마 '엔젤아이즈'를 보며

어쩌면 이렇게도 아름다운 작품들을 만들어 낼 수 있는 것일까! 참으로 귀한 글과 귀한 작품들을 만들어 세상에 내어 주시는 좋은 사람들이 계셔서 감사하다. 그리고 그분들이 참으로 존경스럽다.

특히나 작가들 영혼 안에 숨은 사랑을 어찌 이리도 아름답고 멋지게 그려낼 수 있는 것인지…!

내가 지금까지 걸어온 삶과 현재 걷고 있는 삶과 걸어가야 할 삶을 확인 받으며 너무나 감동 있게 그 속으로 빨려 들어가 시청하고 있다.

이러한 영상매체 작품들을 통해서 삶을 지루하지 않고 싱싱하게 살 수 있도록 내 영혼의 삶을 찾아 더듬어 가는 길을 확인받을 수 있게 도와주어서 참 좋다.

4개의 드라마 "왕가네 식구들, 세 번 결혼하는 여자, 밀회, 엔젤아이즈."

이 각각의 드라마들 속에서 흘러나오는 사랑의 노래들이 주는 의미는 다 다르지만, 나에게는 너무나 신선하고 순수한 사랑을 맛보게 했다.

어제는 "엔젤아이즈" 6회를 보면서 천사 같은 눈들을 가진 두 남녀의 깊은 사랑이야기를 들었다. 이들의 삶을 이끌고 가는 애틋한 사랑이야기는 어려서 소경이 되었으나 참사랑을 받아 사랑을 느끼며 살게 된 한 여인이 어느 날 건강한 눈을 이식 받아 새로운 세상을 볼 수 있는 자가 되었지만, 오히려 환경에 의하여 코앞에 두고도 그리도 사랑하는 남자를 몰라보아 사랑하는 남자를 가슴에 품고 간절하게 아픔으로 찾는 애절한 여인의 생애와 본래부터 눈뜬 자로 태어나 이 여인을 사랑하며 신실하게 살아왔던 젊은 한 남자가 코앞에서 두고 보면서도 환경 때문에(사랑하는 여인의 행복을 위해) 참 자기를 드러내지 못하고 감추면서 타는 가슴을 안고 애태우고 갈등하며 번민하는 모습을 그린 드라마이다.

행복과 불행을 스릴의 격차를 이루며 애절하게 그려낸 작품 속에서 무엇을 어떻게 읽어 내느냐 하는 것은 각 시청자들의 몫이 아닌가 싶다.

지금까지 알고 살아왔던 통속적인 사랑에서 벗어나 근본의 원리적인 사랑으로 유월하는 이 드라마는 참사랑이란 정말로 각

개인 한 사람, 한 사람 속에서 이루어져 가야 할 운명의 필연적
사건들이요, 과정들이라고 보고 싶다.

서로가 사랑할 수밖에 없는 존재가 되어 있기에 서로 사랑하
게 되는 것이지 사랑하려고 하기 때문에 서로 사랑이 되는 것은
아니라는 의미를 드러내어 주었고 서로가 사랑할 수 없는 존재
들이기 때문에 서로 사랑하지 못할 뿐이지 어떠한 다른 이유가
없다는 사실을 보이지 않게 드러내어 주고 있다.

그러므로 환경과 조건은 큰 문제가 될 수 없고 모든 환경과 조
건은 넘어서야만 하는 장애물이라는 것을 알고 뛰어넘어 근원의
사랑을 찾아가라는 메시지로 보고 싶다.

"밀회" 5회를 시청하며

TV 드라마 "밀회"를 기다리며 즐겨보고 있다.

천부적인 소질을 갖고 태어난 젊은 청년의 삶을 사는 제자와

노력해서 환경으로 만들어낸 음악 교수의 삶을 사는 중년 여인인 스승.

"스승과 제자", "제자와 스승"의 관계성.

이 둘 사이에서 일어나는 미묘한 세계를 그려내어 시청자들로 하여금 정신세계를 감지해 보게 하는 내게는 아주 흥미를 갖게 해 준 드라마이다.

더 나아가서는 영의 세계까지 조명해 주고 있는 드라마라고 보면서 아슬아슬한 스릴을 느끼며, 내가 이 세상에 태어나서 지금까지 살아 온 그 길을(육체 세계와 정신세계와 영의 세계의 길을 살펴보면서) 돌아보며 '아~ 내게도 아슬아슬한 스릴을 느낄 수 있었던 그 세월들이 있었구나!' 라고 느낀다.

참으로 그때 그때마다 "잘 넘어왔구나"라는 감사가 든다.

그리고 더 나아가 지금 살고 있는 나의 나 됨을 확인해 보며 감

사한다.

앞으로 어떻게 전개해 갈지 기대하고 계속 시청하겠지만, 두 사람이 피아노 앞에만 앉으면 연주하면서 미친 자들이 되어 버려 그 사랑의 음률을 타고 두 사람의 영혼들이 합하여진 하나.

둘이 아니라, 하나인 것을 알고 몸으로 부르짖는 사랑의 절규.

죽음을 각오하고 혼신으로 몸을 던지는 내용을 보면서 나는 나의 혼과 영이(겉 사람과 속사람이) 하나 되어가는 현재의 모습에 기뻐하며 점점 시간이 흐를수록 이 세상에서는 천시 받고 종교 세상 안에서는 지탄받아 죽을 패륜아가 되는 것을 확인 받는다.

그러나 모든 것을 감수하고 여기까지 떠나온 영혼이기에 몸으로 진리 안에서 사랑과 자유와 생명과 거룩의 삶으로 온전한 영혼의 노래를 부를 수 있는 존재로 될 때까지 너는 끝까지 길을 가라고 내게 힘과 용기를 불어 넣어주는 아주 좋은 드라마이기에 갈채를 보낸다.

"밀회"라는 드라마에 영원한 축복이 있기를…!

나의 심판의 날을 기다리며

바람 되어 산다는 것이
현실 세상에서는 그리 쉽게 증명될 일이 아니기에
실제 바람이 된 존재가 아니라면
흉내는 낼 수 있을지는 몰라도 바람의 삶은 살 수가 없는 것이
라고 생각한다.
그림의 떡일 수는 있어도 실체의 떡은 아니요,
그림 속의 뭉게구름일 수는 있어도 실체의 구름의 삶은 살지
못한다는 뜻이다.
가정이라는 세상 안에서
"나"라고 하는 존재가 속사람과 겉 사람이 증명되는 심판의
날이 다가오고 있구나!
속사람은 어떤 존재였으며, 겉 사람은 어떤 존재였던가!를
가족 식구들에게 보여주게 될 순간이 점점 다가오고 있구나!
그동안 가정이라는 세상에서 가족 식구들과의
관계성으로 살아왔던

나의 정체성이 확실하게 드러날 시간이 다가오고 있네.

생각이 쉽고 말이 쉬운 것이지 삶은 쉬운 것이 아니로구나!

43년 세월 동안에 살아왔던 나의 인생길.

43년 흐르는 세월에 더불어 살아온 나의 마음 세상의 길,

이 두 길(낙타로서의 사람의 길을 살았고, 바람으로서의 사람의 길을 살아온).

이 두 길을 이제 지나서

오직 한 길.

외길을 걸어갈 준비를 해야 할 때가 오는 것 같아서 그리 살아가기로 작정을 한다.

1978년 4월 28일 교회 안에서 부흥집회가 끝나는 날.

김 목사님께서 안수해 주실 때 그의 손이 나의 머리 위에 닿자마자 목사님은 입술로 기도하시고

나는 내 마음의 입으로 "충성하겠습니다. 충성하겠습니다. 충성하겠습니다."를 외치면서

나를 고백하고 있었던 때가 생각난다.

내가 그런 고백의 기도를 할 수 있었던 상태에 사람이 아니었을 뿐만 아니라

그 뜻을 알 수 없는 그런 이상한 말이 이해할 수도 없던 그런

사람 아니었던가!

그런데, 오늘 나는 그때의 그 내 마음의 말을 지금 다시 듣고 내 입술로 고백을 한다.

아~ "충성하겠습니다."라는 그 보배롭고도 귀한 마음의 고백의 말이

오늘 나의 입술의 말이 되어 나올 때까지의 나의 삶의 과정이 43년 광야의 삶의 길을 걸어왔구나!라고….

지금까지 영육이 충성스럽게 살아왔고 그리고 잘 살아내었다고 내 자신에게 말을 해본다.

가정이라는 작은 세상 안에서

세상이라는 넓은 세상 안에서

종교라는 세상 안에서

영과 생명 그리고 진리의 말씀이신 그리스도만이 "나"라고 하는 세상 안에서 사시도록 비움과 세움의 삶을 살아왔다는 것.

이 일만큼은 "충성하겠습니다."라고 고백했던 그 말씀을 이룬 것 같아서 내가 정말 자랑스럽다.

광야 길에서 주인과 주인의 짐을 지고 홀로 걸어온 낙타처럼….

(혼자서 혼자서 온천지 혼자서 속으로 속으로 그렁그렁 울면

서 낙타의 운명처럼…)
이제 충성스레 잘 살아왔음을 보면서,
하늘을 바라보며 땅을 바라보며
바늘귀를 통과할 수 있는 바람처럼 살아갈 바람의 몸이 증거
될 때를 기다리고 있습니다.
이 바람이 그 바람인 것을 몸으로 증거할 준비를 하고 있음을
보며…!

풀잎으로, 꽃잎으로
돌아가는 인생이 무엇을 하오리까!
그저 바람 불면, 흔들릴 뿐!
그저 바람 멎으면, 고요할 뿐!
그대로, 삶을 빨아들여
넉넉하여질 뿐이외다.

"비로소 아픔이
사랑이었음을 "

낙타의 운명

낙타의 운명은
이렇게 끝이 나는구나!
내 속에서 나와 함께 평생을
살아온 낙타 한 마리
제 사명을 다하고
천국으로 떠나려 하네.
68년 세월 한 날같이
함께 살아온 나의 분신인
늙은 낙타여!
잘 가게나!
너의 꿈속에서 보았고 살았던
그런 세상으로 떠나가거라.
부잣집 막내아들로 다시 태어나
하고 싶고 먹고 싶고 놀고 싶은
그 모든 것들을 다 하면서 사는

사람으로 다시 태어나 살려무나!
그러나,
나는 아니네, 참으로 나는 아니네.
그것을 기다리며 소망 가운데 살아가는
그런 삶도 좋은 일이긴 하지만,
나는 아니네, 나는 아니네.
아무것도 아닌
바람처럼, 구름처럼 살기만을 원한다네.
그리고
한줌의 흙으로 돌아가기를…!
이것만이 내가 살고픈 삶으로 남아있다네.
잘 가게나! 나의 소유였던 늙은 낙타여!
어차피 우리는 이별을 해야만 하는 사이였구나.
그동안 주인 잘못 만나서 살아 내느라고 수고했네.
그래도 우리 잘 살지 않았는가!
그 이상의 대가는 꿈속에서 보여주지 않았나!
그래 조금만 기다려봐…!

신유한의원에 다니면서

정말로 알 수 없는 삶의 시간들이다.

어깨와 가슴의 심한 통증을 병원에서는 더 이상 치료할 수가 없게 되어 이제는 한의원으로 치료를 받으러 다니는데 침을 맞기 위해 침상에 오르기만 하면 통증과는 상관없이 눈물로 은혜가 쏟아지기 시작하니 웬일인지 알 수가 없다.

첫날부터 그러더니만, 어제는 더욱 심했었다.

한의사가 내 몸의 상태를 듣고 침을 꽂아야 하기에 질문을 하는데, 대답은 할 수 없고 계속 눈물만 흘렸다.

감출 수 없이 흘러내리는 눈물.

"나 하늘로 돌아가리라. 아름다운 이 세상 끝내는 날 가서 아름다웠었노라고 말하리라"는 흐르는 말과 함께 "바로, 이렇게 사는 세상인 것을…."

내 가슴속에다 이 아름다운 세상을 누가 만들었을까!

누가 이루어 놓았을까!

이보다 더 찬란한 세상이 어데 있으랴! 아버지! 아버지…!

뜨거운 감사의 눈물과 함께 표현할 수 없는 잔잔함과 고요함과 영롱함이 넘쳐흘렀다.

　지나온 세월, 위로부터 오는 은혜가 임했던 때들을 살펴보면, 1978년도에는 새벽기도 시간만 되면 한없는 은혜가 쏟아져 내려 그 선물을 한 아름씩 받아가지고 내려와 살았고 1986년도에는 신학교 다니면서 한없는 은총이 쏟아져서 받은 선물들을 확인하면서 살았고 1994년도에는 원어 성서원에 다니면서 감사가 쏟아지어 행복을 누리면서 살았는데 요사이는 이 신유한의원에 다니면서 눈물의 은혜가 쏟아지니 참으로 인간이 어찌할 수가 없음을 맛본다.

　피난처를 찾듯이, 요새를 찾듯이 밀실을 찾는 것같이 이 한의원을 오고가는 그런 형국이다.

　1993년 자궁의 폴립 수술을 하고 입원해 있을 때도 새벽마다 방울소리 울리면서 황금마차가 찾아와 은혜를 한 아름씩 선물로 주곤 해서 그 시간이 너무 행복했는데 요즘에는 며칠째 신유한의원 침대에 눕기만 하면 모양은 다르지만, 수정 같은 눈물의 여왕이 찾아오니 내 어찌할 수가 없다.

　너무 감사할 수밖에…!

　병을 치료받기 위한 것은 뒷전으로 하고 내가 은혜 받는 것이 더 중하니까 병원 가는 시간이 기다려진다.

"나 하늘로 다시 돌아가리라.

내 본향으로, 다시 돌아가리라.

아름다운 이 세상 소풍 끝내는 날.

가서 아름다웠었노라고 말하리라."

내 가슴 안에 이루어진 이 아름다운 세상. 그 누가 이루었을까!

하나님 아버지의 작품이지만, 또 나의 작품일 수도 있다.

아버지 하나님께서 말씀 안에서 낳으셔서 길러낸 그 아들인 '나'의 작품.

나라고 하는 이 심령 안에 이렇게 아름다운 세상을 창조해내지 않았는가!

이 글을 이렇게 기록하면서도 좋아서 입이 벌어진다.

어깨의 통증은 심해 오지만 아무 상관없이….

이 찬란한 세상 안에 어찌 이 아름다움을 창조해 가는 것일까…!

천상병 시인이 생각나니 '귀천'이란 책을 찾아 읽어 보자.

천년의 사랑이야기

천년의 사랑이야기를 어찌 보아야 할까!
하루가 천년이요, 천년이 하루처럼 여겨지는 요즈음의 날들이
남편과의 삶에서 나오는 고백이다.
두 사람의 그 마음과 그 입에서 나오는 말들이
하늘의 별처럼 반짝 반짝 빛이 되어 내 가슴속으로 다시 흘러
들어오고 있다.
새로이 탄생한 하늘의 별을 바라보고 있노라면,
그 별빛의 흐름의 광도가 나를 사로잡아
그에게로 이끌고 간다.
결국에는 둘이서 사랑의 속삭임이 시작된다.
빛들의 나라 속으로 이끌려 가는 영과 생명의 교제.
주고받는 이야기 속에서
그 사랑의 넓이와 크기와 높이와 길이가 얼마 만큼인지를
피차 서로 공유해 가면서 서로 감탄하지 않을 수가 없음을
맛보고 있다.

"자기 안에 하늘 정원이 생겼고, 그 정원 안에는 장미나무 한
그루가 보인다고… 그리고 이제는 그 장미 가시에게 찔려도
아프지 않을 것 같다."고
"오히려 그 가시로 하여금 장미꽃 향기가 내 코로 더 진하게
풍겨올 것 같다."고….
"아니, 또 한 사람 미친 사람 나왔으니 어찌한대요. 큰일 났네."
하면서
우리 두 미친 사람들은 서로 깔깔대며 웃으면서
다시 별들의 사랑이야기 속으로 들어가
이야기꽃을 피웠답니다.
우리 두 사람의 육체가 살아 있는 날까지
이 별들의 사랑이야기는 계속 되겠지만,
육체가 사라져도, 이 두 사람 "천년의 사랑이야기"는
그대로 머물러 있지 아니하고, 이 땅위에서까지도
영원 영원의 세계로 이어져 가리라는 생각이 들기에
한 자 올려봅니다.

살아 있는 이유

내가 저 생명 끝까지 올라가 보아도
내가 저 사망 끝까지 내려가 보아도
오직 사랑 하나밖에는 더 잡히고 남는 것이 없구나!
내가 이 사랑 앞에는 두 손, 두 발 다 들겠네.
여러 가지 모양과 여러 가지 색깔들로 표현해 보았지만,
더 이상 표현해 볼 수 없는 무색일 뿐일세.
더 이상 나타내 볼 수 없는 무취일 뿐일세.
아무리 사랑스러워도, 아무리 죽기 살기 미워도,
이 사랑 앞에서는 두 손, 두 발 다 들고 말았네.
사랑은 냄새도 없어라.
사랑은 빛깔도 없어라.
사랑은 무색, 무취이면서도 여전히 살아있구나!

나는 각종의 냄새도 가지고 있고
나는 각종의 빛깔도 가지고 있어서
공작새처럼 살기도 하고
제라늄 꽃나무같이 살기도 하지만,
사랑은 사랑으로만, 내어 놓는구나!
아~
사랑이여!
두 손, 두 발 다 들어버리게 한 사랑이여!
나를 질리게 만드는 사랑이여!
나를 불태워 버리게 하는 사랑이여!
무색, 무취이면서도 만색, 만취를 소유한 부요한 당신
왜 내가 아직까지 살아있는지 그 이유를 찾았습니다.

인생살이

철~썩 철~썩
바닷가 모래밭.
곱디고운 밀가루 같은 모랫길.
사랑의 하트 모양 안에 내 이름 석 자를 써놓기가 바쁘게
파도가 밀려와 휩쓸고 함께 떠나간다.
또 다시 또 다시 시도하나 역시 역시 남기지를 못했다.
한 발짝 한 발짝 물속으로 발을 떼어보지만, 너무 어지러워!
쓰러질 것만 같아 주저앉아 버렸지만, 여전히 어지러워!
먼~ 먼 바다를 바라보며
아무 일도 없어 보이는 저 태평스러움의 끝없는 바다는
나로 하여금 많은 것을 생각하게 했다.
철~썩대는 코앞의 파도 물결을 보면 곧 죽을 것만 같아서
숨쉬기가 힘들었는데
먼~ 먼 수평선을 바라보면 숨을 쉴 수가 있었다.
더더욱이 낙산사 꼭대기에 올라가서

먼~ 바다를 바라보니

수 천, 수 만 년을 흘러온 저 바다에서는 어떤 일들이 일어났을

까?

무수한 일들이 매순간마다 쉬지 않고 일어났을 터임에도 불구

하고

저렇게 태평하게 아무 일도 없었던 것처럼 유유히 흐르고 있

는 것일까!

아~

"저 바다 같은 것이 인생이었구나!"

나는 인생살이를 코앞에서만,

바라보고 살았기에 그렇게도 질식해서 죽을 것만 같아

무서움과 두려움 속에서 벌벌 떨면서 살아왔구나!

이제라도 바다 같은 내 인생살이를 그대로 놓아두고

높은 산꼭대기에 올라가 내려다보면서

조용히 조용히 웃음 지으며 넉넉히

마지막 숨을 맞이하기를 기다리련다.

"서로 사랑"을 이루어가는

꿈속에서라도 진리를 깨달아가는 삶이라면 오케이다.

잠자고 있는 시간에도 쉬지 않고 진리 안에서 영으로 교제하고 있다면 그것은 더 말할 것 없이 오케이다.

눈을 뜨고 있어도, 눈을 감고 있어도 영안에서 생명의 활동들을 느끼고 감지하고 만질 수만 있다면 그것은 더더욱 오케이다.

행복, 행복, 행복을 부르고 또 불러 보아도 이 행복은 모자람이 없는 행복이라서 더더욱 오케이다.

오늘은 안양 개천 뚝방을 거닐면서 길가에 피어있는 여러 가지 색깔과 여러 가지 종류의 꽃잎들을 꺾어 푸른 나뭇잎으로 감싸들고 와서 보니 다 시들어 버렸다. 그래서 사기로 된 하얀 소주잔에 물을 붓고 하나씩 담아 놓았다.

얼마 후부터 꽃잎과 초록 나뭇잎이 싱싱하게 살아나는 것이 아닌가! 하얗고 앙증맞은 잔에 잠겨 어우러진 아름다운 빛깔의 꽃잎들.

각자 자신들의 몸을 활짝 열어 보여주는데, 그 어우러짐이란 표현할 수 없는 운치감으로 나를 매혹해 버렸다.

종재기보다 더 작은 소주잔에 담가 놓았듯이, 작은 조개만 한 내 심령 속에 꽃송이들을 담아놓은 것 같은 모습을 보았다.

집으로 들고 돌아오는 동안 시들어 버린 꽃송이들이 다시 살아나 보여 주는 것같이 나의 영혼 안에 시든 꽃송이 같은 은혜와 은총들이 다시 싱싱하게 솟아나는 것 같았다.

집안 청소를 하고 목욕을 하고 들어와 펜을 들었다.

식탁 위에 놓여있는 앙증스러운 꽃꽂이 한 작품.

어찌나 귀엽고 예쁜지!

술잔까지도 더 아름다워 보인다.

행복은 이것이야…!

종재기 같은 내 마음 그릇이지만, 이 작은 내 마음속에 영원히 시들지 않고 상하지 않고 죽지 아니하는 살아있는 생명의 꽃들이 피어나는 모습을 볼 수 있게 되어서 더 행복해진다.

무엇보다도 말씀 속 깊은 곳에 숨겨져 있는 영과 생명의 꽃도 피어나지만, 요즘에는 사람의 영혼 속의 살아있는 꽃들이 살며시 나의 영혼 속으로 들어와 나와 함께 동고동락하고 있는 것을 영의 눈으로 볼 수가 있어서 더더욱 행복해진다.

팔월 한가위라서 집에서 명절을 보내야 했는데 아들들과 며느리들이 사랑의 수고와 믿음의 역사와 인내의 소망을 이뤄가는 새로운 가족 문화를 형성시켜가는 모습을 보면서 큰 박수를 치지 않을 수가 없었다.

각자를 생명의 샘으로, 사랑의 메신저로 키우셔서 한 가족을 이루며 서로가 진리 안에서 하나 되게 하시는 아버지 하나님의 크신 사랑 앞에 머리를 조아려 본다.

상사꽃

이파리와 가지가 다르듯
나무와 뿌리가 다르듯

죽은 자와 산 자가 다르듯
산 자와 살리는 자가 다르듯

허나, 이것이 하나에서 나왔다는 것
그래서 상사꽃이라 불리우는가

아예에, 존재하지도 않았던 것을 가지고
살았네 죽었네 할 것이 있겠는가!
차라리, 태어나지 않은 것이 복일 수도 있겠구나!
그래서, "Let it be."

눈을 떠도 감아도

눈을 뜨면 달려가는 곳이 어디메뇨!

내가 항상 눈을 뜨면 내 엄마가 어디 계신가
눈을 감고도 더듬거리면서 찾던 어린 시절이 있었습니다.

내가 항상 눈을 뜨면 내가 만지던 책이 어디에 있는가
눈을 감고도 더듬거리면서 찾던 학창시절이 있었습니다.

내가 항상 눈을 뜨면 현모양처의 내 꿈은 어디에서 이룰까
눈을 감고도 더듬거리면서 찾고 기다리던 처녀 시절이 있었습
니다.

내가 항상 눈을 뜨면 내 두 아들들만을 향하여
눈을 감고도 더듬거리며 찾던 젊은 어미의 시절이 있었습니
다.

내가 항상 눈을 뜨면
내 가족 식구들만을 향한 꿈을 이루기 위한
찾음이 눈을 감으나 뜨나 항상 더듬거리며 찾던 가정주부로서
의 세월이 있었습니다.

내가 항상 눈을 뜨면 내 마음이 어느 곳에 가서 있는가
눈을 감고도 더듬거리면서 찾기 시작한 청장년의 세월이 있었
습니다.

내가 항상 눈을 뜨고 감아도
내 마음의 눈은 심비의 책을 열기 위해
찾고 두드렸던 장년의 시대가 있었습니다.

이제 내가 눈을 감아도, 떠도 달려가는 곳이 어디메뇨!

내 안의 어둠 세상을 헤매던 세월.
내 안의 빛의 세상을 헤매던 세월.
내 안의 나의 세상을 헤매며 찾아온 세월.

이제는 내안에서 내가 어디를 향하고 있는가
눈을 떠도, 감아도….

내가 사는 목적과 방향만큼은 눈을 감고 있으나 뜨고 있으나
깨어 있어 더듬거리면서라도 찾고 있는
노년의 세월이 되어 있는가 다시 한 번 살펴본다.

내 안에 있는 나는
지금 어데를 향하여 가고 있으며, 또 무엇을 하며 살고 있는가!

길을 떠나렵니다

길을 떠나렵니다.

무엇인가를 따라가고 있는 내 발자국 소리와
무엇인가가 나를 따라오고 있는 발자국 소리를…

잊을 수 없는 추억들 그리고 버릴 수 없는 기억들.

소리 없이 기어 걸어가는 나의 옛사람, 너의 옛사람.
이 두 사람 사이에서 빚어진 옛 추억과 기억들
살모사처럼, 비단뱀처럼…

이런 나와 그런 너를 죽이면서 살아온 세월의 흔적.

잊을 수 없는 추억과 버릴 수 없는 기억에 잡히는 순간이면
내가 가야 할 인간의 길을 갈 수 없었음을 알고 있으면서도

잊지 못하고 버리지 못하는 추억과 기억의 그 옛길을
또 다시 걷고 또다시 걷고 있었습니다.

내가 가야 할 길에서 뒤를 돌아다보면,
나는 나도, 당신도 죽이지 않았습니다.
당신을 따라가는 내 발자욱 소리를 죽이면서 살아왔고
나를 따라오는 당신의 발자욱 소리를 죽이면서 살아왔을 뿐입
니다.

잊을 수 없는 추억과 버릴 수 없는 기억들 때문에
때로는 슬퍼하고 그리워하며 외로워하면서도
여전히 사모하며 즐거워하면서 살아왔음을 봅니다.
그러기에 내가 가야할 인간의 길을 똑바로 갈 수가 없었다는
것을 알았습니다.

내가 가야 하는 길에서 옛사람 살모사를 죽이고
떠나지 않으면
더 이상 갈 수가 없는 것을 보았기에 이제 나의 옛사람 살모사

를 산 채로 흙에다 묻고 떠나려 합니다.
옛사람의 기억과 추억을 먹이로 삼지 않고 살아가렵니다.

새사람으로 길을 떠나려 합니다.
내 속에서 당신도 죽었고, 나도 죽었나이다.
나는 당신을 죽이려 했지만, 당신을 죽이지 못했습니다.
당신의 그 자존심을 죽였지요.
당신도 나를 죽이려 했지만, 당신도 나를 죽이지 못했습니다.
오히려, 나의 그 생명을 더 살렸으니까요.

당신과 나는 영원한 평행선.
그러나, 이제는 더 이상 갈 길이 없습니다.
벼랑 끝자락에 와 서 있습니다.

나를 쫓아오고 있는 당신의 살모사의 발자국소리
당신을 쫓아가고 있는 나의 살모사의 발자국소리.

이제는 더 이상 들을 수가 없을 것 같아요.
이제부터는 인간다운 인간의 길을 똑바로 가려합니다.

나의 나 됨의 길을 정로를 따라서 가려합니다.
당신도 당신 됨의 길을 정로를 따라서 가기를 소원합니다.
나의 옛사람을 원하지 마십시오.

함께 서로 사랑하고 살기를 원한다면,
나의 새사람만을 바라보고 사십시오.

나도 당신의 옛사람을 원하지 않겠습니다.
당신의 새사람만을 바라보고 살기를 원합니다.

서로 사랑의 그 삶을 살아보지 않으시렵니까?
피차, 새사람으로만 만나서 살아가노라면,
우리가 가야만 하는 인간의 온전한 길을 걸어 볼 수 있지 않을
까요!

우리 이제부터는 서로 사랑의 참 삶을 살아보다가 떠나지 않
으시렵니까!

뒤웅박 팔자

어제 모임에서의 풍성한 교제를 통해서 나는 하루 종일 행복했다. "나의 이야기"를 내가 하고 있었지만, 내 입으로 내 이야기를 하면서도 나 자신이 진지하게 듣고 있었고 다른 형제들의 이야기도 진지하게 받아 내게 스며들고 있었다.

그 시간 그 이후의 시간들에서 계속적으로 또 다시 그 이야기에 대하여 각각 다 다르게 다시 표현되어 나왔지만, 어느 것 하나 버릴 것이 없는 이야기들이어서 되새김질하며 내 삶에 적용해서 살아야겠다고 마음먹었다.

집으로 돌아와 즐겁게 청소하고 마른 빨래들을 접어서 정리하고 있는데 남편이 들어와 함께 저녁식사를 한 뒤에 다 치우고 TV를 보면서 연속극 "왕가네 식구들"을 기다리고 있다가 재미나게 보고 내 나름대로 느끼고 난 후 조금 더 놀고 있다가 피곤해서 잠자리에 누웠다.

새벽에 일어나자마자 떠오르는 샛별 같은 생각이 "나는 사랑에 빚진 자로다"라는 화두가 주어진다.

그러면 어찌 살아야 한단 말인가!

꼬리에 꼬리를 물고 구체적으로 삶에 대하여 묵상을 하게 되었다. 그런데, 또 한 가지 남겨 주는 화두가 있었으니 "너는 뒤웅박 팔자이다"라는 것이다.

인생의 삶을 "역지사지"로 교훈삼아 살든지, 아니면 "그러려니 하고 넉살스레 살든지" 그리해도 되지만, 그렇게 살고자 노력해도 어디 "그렇게 되어지더냐?"는 것이요, 그렇게 될 수가 없는 것이 네 운명이요, 팔자라는 것이다.

그리하면서 비유로, 상징의 언어로 계속 흐르는 물줄기를 바라보고 있는 것이었다.

불교에서 말하고 있는 윤회와 해탈의 차이점이 무엇인 줄을 알라는 것이었고 기독교에서 말하고 있는 죽음과 부활의 차이점을 알라는 것이었다.

내 집 뜰 안에 심겨 있는 장미나무 한 그루와 내 집 바깥에 심겨져 있는 장미나무들을 보며 생각하라는 것이다.

나의 상태를 뚫어지게 보게 되면서 너는 그렇게 살고자 온 인생이 아니라니 어찌할꼬!

사람이면서도 사람이 아니고 사람이 아니면서도 사람인 존재!

내 팔자야! 정말 뒤웅박 팔자네!

이런 행복도 있더이다

겨울 내내 콧물, 재채기, 가래, 기침.
차가운 코, 두통, 뒷목 전체 당김 증세.
갑작스런 게 변덕을 떠는 변비와 설사의 반복.
식은땀과 오한 등등의 여러 가지 고통스러움.
내게서 떠나지 않고 계속 함께하고 있다.
한의원도 병원도 다닐 때뿐이지 '역시나' 다.
겨울 내내 마스크를 벗어보지 못했고
머리 염색을 한 번도 못하고 있으니
산중의 도사도 이런 도사가 어데 있으랴!
거울을 자세히 들여다보았다.
추억거리로 남겨 두고 싶어서
휴대폰으로 사진을 찍어 저장해 두었다.
들여다보니 참으로 산속 도사이다.
당장 산속으로 들어가 살면 기가 막힐 제격이다.
"선량한 백발의 도사"

이제는 다 그대로 두고 질병과 함께 살기로 마음먹었다.

내가 그동안 얼마나 죽음을 사모했었는가!

육체와의 이별의 날을 그렇게도 기다려오지 않았던가!

그러한 나에게 며칠 전(일주일은 된 것 같다)

퇴근길 걸어오면서 얼마나 행복했던가!

표현할 수 없는 감탄사가 터져 나오지 않았던가!

"마지막 최상과 최고의 선물"

나만의 이미지 언어로 즐기면서 돌아왔었지!

이제는 나만의 축복이라서 그것을 고귀하게 간직하고

이 질병들과 함께 즐기면서 흘러가 보자.

그날이 오기 전에 더 내가 할 일이 무엇일지!

하나하나 정리해 가야 할 내면 세계와 외면의 일들이

자세하게 드러나기를 바란다.

내가 아직까지 발견해 내지 못한 것들이 어떤 것들인지!

그리울 것도, 아쉬울 것도 없지만,

혹여라도 암암리에 붙들고 있는 것이 또 무엇인지!

여한이 없는 생을 살았다고 말한 것이 입술로만이었는지!

이제는 그동안 내 몸보다도 더 붙들고 살아왔던 마음속에서의

두 아들들에 대한 어미 사랑과 남편에 대한 아내로서의 원망.

이것들마저도 서서히 놓아지는 것이 분명해진다.
가물가물 멀어져가는 시작이 주어졌으니 확실한 끝이 오겠지!
요즈음에는 내 모습이 조금씩 보여지는 대로 속에서 웃음이
핀다.
이러한 내가 그냥 좋아서이다.
여기에 이유도 없고 조건도 없다.
지금까지 하루하루 살아온 결과가 "지금의 나"이듯이
또 계속해서 하루하루를 더 살아가다 보면
남은 날들의 결과가 마지막 "그날의 나"겠지!
너무 좋다. 그리고 행복하다.

꿈에서 깨어나다

꿈이었나!
36년 세월 동안
길고도 먼 길에서
단꿈을 꾸었네.

미친 여자가
제정신으로 돌아오면
이런 상태일까!

사랑과 자유와 거룩과 초월의
세상 찾아 헤매이던 세월.

이 어두움의 세상 속에서
눈을 뜨고 보니 미친 자였네.
이제는 날이 밝았네.
다 지나갔네.

그러나,
그 어둠의 보금자리가 없었다면,
이 아름답고 찬란한 단꿈을
어느 곳에서 꾸어볼 수가 있었을까!

밤하늘을 수놓는
빛나는 저 별들처럼
내 마음속에 수놓아 준
아름답고 찬란한 단꿈을
그 어둠의 세월에게도 감사한다.

그 아름다운 꿈에서
깨어나 보니
벌거벗은 알몸일 뿐!

현실에서는
수치와 부끄러움뿐이었네.

무엇을 어찌해야 하나!

저 태양의 열기가
내 알몸을 뜨겁게 데울 때까지
잠잠히 바라보고 그 앞에 서 있자.

꿈일지라도!

상상의 봉황새와 오늘날의 비행기.
아주 아주 먼 옛날에는
오늘날의 비행기가 상상의 봉황새였을 터인데!

상상의 큰고래가 오늘날의 여객선.
아주 아주 먼 옛날에는
오늘날의 여객선이 상상의 큰고래였을 터인데!

오늘날, 나는
비행기 속에 앉아 여행을 계속할 것인가
한 마리 봉황새가 되어 날아가는 여행을 계속할 것인가.

오늘날, 나는
여객선 속에 앉아 여행을 계속할 것인가
한 마리 돌고래가 되어 여행을 계속할 것인가.

눈을 뜨고는 더 이상 TV를 바라보고 싶지 않은
세월호 침몰사건을 통해 한숨과 통곡으로
"할미꽃 사랑"을 노래하며
지금 내가 살아가는 삶에 대하여 많은 것을 생각해 본다.

커지는 복

오늘은 그냥 이대로 있고 싶다.
가랑잎 하나 흔들리지 않은 상태로…
저 하늘의 구름은 흘러가는데
흘러가는 저 구름을 붙잡아
쉬게 할 수는 없을까!
저 구름하고 이야기하고 싶은데
어쩜 저렇게 빨리 도망을 가는가.
먹구름도 흘러가지만
새털구름까지도 흘러가고 있구나!
어느 누구하고 이야기 좀 했으면….

오늘은 그대로 서 있는
한 그루의 나무가 되고 싶다.
생긴 모습 그대로 서 있으나
속살 찌우는 살아 있는 나무 한 그루

그 나무로 살아가고 싶다.
하늘을 쳐다보고 땅을 만져 보지만
내가 구름 되고 내가 나무 되지 않으면
친구 될 수 없어 이야기할 수 없네.
이 세상 모든 것들은 다 흐르고 떠나가잖아!
이 흘러 떠나가는 것들을 붙잡아
사랑하려고 하니
사랑하면 사랑할수록 외로움만 커지고
사랑하면 사랑할수록 고통만 커지는 것을
그러나, 사랑하면 사랑할수록 커져가는 복이 있으니

헤 아가페여!
누가 우리를 그리스도의 사랑에서 끊으리요.
환난이나 곤고나 핍박이나 기근이나
적신이나 위험이나 칼이랴
현재 일이나 장래 일이나 능력이나 높음이나 깊음도
그 어떤 것들이라도 끊을 수 없고
오히려 이러한 것들이 더욱 더 그리스도의
사랑 안으로 들어가도록 하게 하는 것들이

될 줄을 누가 알았겠나!

이 세상 모든 것들이 밟고 지나가도

이 "헤 아가페" 만큼은

내 속에서 "겨울 보리 싹"처럼 더 자라나고 있으니

이 어찌 큰 복을 가진 자가 아니겠는가!

이 헤 아가페를 가지고 있는 자들이여!

외로워 말게나, 그리워 말게나!

길 가는 나그네와 행인의 길이란

먹구름 지나가듯, 새털구름 흘러가듯

다를 바가 무엇이 있으리요.

속살 키워 "나이테" 만들어 내는 일.

그 일밖에는 모르고 서 있는 나무와

다를 바가 없는 아가페 된 자들이여!

마음 안에서 서로 서로 어깨동무하고

흐름 따라 그냥 흘러가 보세.

점점 커져만 가는 복을

이제는 서로 바라보고 만져보고 느끼며

이 행복감에 젖어 누리며 살아볼 그날이 오겠지요!

돌비와 심비의 성경

4월 8일 석가 탄신일을 맞이하여 아침마당 시간에 두 분이 나오셨는데 한분은 불교문화를 그리시는 화가 여자 스님이시고 한분은 불교 서예가이신 남자 스님이신데, 여자 스님은 비단인 원단에다가 보석 가루와 금가루로 그림을 그리시고 남자 스님은 돌에다가 예리한 칼날로 글씨를 새기시는 분이셨다.

이것을 보면서 많은 것을 알게 되었고 배웠지만, 참으로 느낀 것이 많았다.

하루 종일 묵상해 볼 수 있는 좋은 기회를 얻은 셈이다.

"돌비와 심비에 대하여."

돌에다 글씨들을 새겨내는 일과 비단 천에다 보살들을 그리면서 자기 일생을 다 바쳐서 쉬지 않고(어떠한 신의 힘에 이끌리어) 수고하는 것은 계속하여 자기성숙을 가져올 뿐만 아니라, 자기희생과 즐거움을 통해서 무엇인가 꼭 기적 같은 성공을 이루어 낸다는 뜻이 들어 있었던 것을 느끼지 않을 수가 없었다.

결국에는 자기 영혼을 그곳에다 심는 일이라고도 볼 수 있었다. 진리들을 글씨로 돌비에 새기는 일과 비단에 그림을 그리는 일도 대단히 귀한 일들이지만, 진리들을 심비에 새기는 일들이야 말로 인간들이 해야 할 가장 근본적인 일이며 상상할 수도 없는 참된 일인 것을 TV 아침마당을 시청하는 모든 사람들이 다 알았으면 참 좋겠다는 마음이 들었다.

그럼에도 불구하고 돌비에 새기고 비단에 그리는 일들은 한계와 끝이 있음을 보았고 종교인의 범주를 넘어설 수 없다는 것을 느꼈다.

물론 어느 때에 가서는 그분들이 달관을 통하여 모든 것에 초월하여 모든 것에 대하여 초월자들이 되어 있을 수도 있겠지만 그렇다 하더라도 결국에는 그 작품들을 통해서 자기 이름 석 자 남기게 되기도 하고, 또 그 귀한 작품들이 잘못하면 어리석은 사람들에게 거래되면 그 사람 속에 우상화(신격화) 시킬 수 있는 기회를 제공하게 하는 고급 수공예품들이 되기도 할 것이다.

종교권 속에서 경전들이 종교 예술품들로만 만들어 낸다는 것은 천주교든, 불교든, 기독교든, 이슬람교든 그 어떤 종교든지 간에 다 같을 것이리라. 그러나 이 일들은 이 세상이 존재하고 있는 한 사라질 수 없는 당연한 일. 이제, 여기서 내가 말하고 싶은 것은 심비의 성경을 말하고 싶은 것이다.

우리들의 영과 혼과 몸속에 살아 있는 하나님의 말씀이 새겨져 있는지!

하나님의 칼날 같은 예리한 말씀이 내 영과 혼과 골수를 찔러 쪼개어 오직 신의 사람으로 조각을 해 놓으신 흔적들이 살아 있어서 꿈틀대고 있는지!

신의 성품의 사람이 나올 때까지 돌비에 새기는 훈련도 중요하지만, 하나님의 신이 말씀 육신이 되어 내(우리) 안에 오셔서 새롭게 새 역사를 시작하므로 되는 "심비의 성경"에 대하여 말하고 싶었던 하루였다.

해바라기 인생

운동을 하려고 안양천 뚝방길을 걷고 있는데 흐드러지게 피어 있는 노란 풀꽃들이 여기를 보아도, 저기를 보아도 모두가 활~짝 웃으면서 나를 반겨주고 있는 것을 느꼈다.

며칠 전 새벽에 눈을 뜨면서 하는 말.
"해바라기 꽃들이 나를 바라보고 활~짝 웃고 있네."라고 말하면서 방긋 웃으며 일어난 날이 있어서 그날은 상상 속에서만 해바라기 꽃들을 만나 행복을 누렸지만 오늘은 저 풀꽃들이 다 해바라기 꽃들과 같아!라고 이미지 언어로 인정하면서 속삭이며 누리고 걸었네.

하늘을 향하여 몸을 세우고 태양을 향하여 얼굴을 돌리며 그 시절을 따라 하루하루를 살아가는 해바라기 꽃.
씨들을 가득 품은 열매를 맺기까지 한 치도 하늘 향함을 굽히지 아니 하다가도 잘 익은 열매의 때가 오면, 땅을 향하여 머리

를 숙이고 그만, 그 속의 품었던 씨앗들을 땅에 떨어뜨리고 퍼트
리는 해바라기의 일생.

눈으로는 이 풀꽃들을 보면서 마음으로는 해바라기 꽃들을 보
면서 또 다시 나의 일생을 들여다본다.

그래. 그러는 거야. 그렇게 사는 것이야!

내 마음 땅에 심겨진 한 알의 해바라기 씨 같은 하늘의 아들.

내 영혼 속에서 오직 하늘의 태양만을 바라보며 따라 살았던
그 세월이 있었던 거야!

그래, 해바라기 영혼아! 정말로 장하고 장하도다.

이제는 머리를 숙여 땅을 향해야만 해!

그때가 되었구나!

나는 말이야, 이 시간, 땅 안에서 해바라기의 일생 동안 그 숨
쉬고 살아 내었던 흐름의 그 모습들을 그대로 옮겨 놓을 수 있는
영상매체의 기술을 내가 가지고 있다면, 그대로 책 속으로 옮겨
놓고 싶은 마음이야!

그래서 지금 하고 있는 작업을 생각하면서 노래를 부르고 있단다.

그래, 지금 만들어 가기 위해 작업하고 있는 그 책 속으로 쏙~ 너는 들어가 심겨져라.

그래서 또 다른 새로운 해바라기로 태어나 살아 내거라.

새 하늘과 새 땅인 새 마음 안에서 새로운 해바라기 꽃과 같은 영혼 되어 영원, 영원토록 영원히 살아가거라.

이것이 너의 행복, 이것이 나의 행복이란다.

민초들의 삶

호롱꽃 같은 모양의 하얀 들꽃들이 활짝 웃으며 반겨준다.

너무 맑고 깨끗하여 깊은 속까지 들여다보아도 잡티 하나 없다.

다른 색깔이 조금도 섞이지 않은 깨끗하고 순수한 꽃.

잡초들이 깔려 있는 가운데 함께 피어 있는 하얀 들꽃들처럼 이 세상 잡초 같은 인생들 속에 숨어 피어 있는 하얀 들꽃 같은 그러한 영혼들을 만나고 싶다.

살랑 살랑 부는 바람 타고 꽃 속으로 들어가 암술과 수술이 만나도록 돕는 나비처럼 살고 싶다. 씨들을 잉태하게 하는 벌과 나비 같은 사랑의 메신저가 되고 싶다.

속삭여 하는 말.

"있잖아. 이 세상은 잡초들로 살아갈 수밖에 없는 세상이야!

우리는 이 세상 안에서 반드시 이렇게 살아야만 해!

잡초들과 어우러져 그 속에서 함께 살아야만 한다니까!

저들과 동시에 함께 자라나서 우리 자신들의 꽃을 피워야만 해!

그리고 씨들을 품어! 그리고 또한 우리는 그 씨들을 해산해야만 한다니까!"라고 몸으로 말하며 살고 싶다.

세상은 인생의 꽃을 피우는 이야기들로 가득하지만, 들어보면, 그 이야기들 속에는 울고 있는 영혼 하나를 볼 수 있으며 또 인생 속에 하늘의 씨를 잉태시킬 순결한 신부도 있고 자기 몸속에서 참 생명의 아들을 탄생시킬 산모도 있고 자기의 참 아들을 길러갈 어머니도 있어 이들을 만나고 싶다.

그러나, 철들자 망령난다고 세월 다 보내고 이제사 정신 드는데 이미 몸은 늙어 칠십을 바라보는구나…!

몸은 늙었지만, 그래도 내 영혼은 젊은 나비 같아!

날아 날아 흐드러지게 피어 있는 하얀 꽃들 속으로 날아가리라.

내 영혼은 생명과 사랑과 자유와 거룩과 초월의 몸으로 책 속으로 들어가 다시 태어나 어데든지 날아갈 거야!

욕심세상 바람 타고 물질만능으로 뒤집힌 이 세상에서, 성령의 바람 타고 잡초들 가운데 피어 있는 하얀 들꽃 속으로 날아가는 나비 같은 영혼의 몸으로 살아가기를 바라고 있다.

이 세상은 잡초와 민초들 같은 사람들이 살아가는 세상이다.

어느 누구도 알아주지도 않고, 밟으면 밟히고 때리면 맞을 수밖에 없는 약하디 약하고 천하디 천한 이 시대의 약자들이나, 오직 강한 그 생명력 하나 때문에 버티고 살 수밖에 없는 이 세상 사람들이다.

이 가운데 또한 생명력이 강한 잡초들 속에 섞여 살고 있는 하얀 들꽃 같은 사람들은 이들보다도 더 약하디 약한 존재로서 순수와 거룩과 자유와 사랑과 생명의 절개로 자기를 꽃 피우는 일, 그 일 외에는 살 길을 몰라 민초로서 그렇게 열심히 살아가고 있을 뿐이다.

하늘의 씨들을 몸 안에 품고 살다가 그것마저도 언젠가는 다 땅에 뿌리고 훨~ 훨 날아 가볍게 바람 앞에 연기처럼 사라지고 말게 될 것이다.

얼마나 가벼운 삶인가! 생각만 해도 기쁘다.

정말로 이제는 우리나라가 천지개벽이 일어나야 한다.

세월호를 통해서 정치 · 경제 · 종교가 썩을 때로 다 썩어 손을 댈 수 없을 정도로 그렇게 무거운 세상이 되어 있다는 것이 온 천하 세상에 다 드러났지만, 이러한 민초들에 의해서 이 세상은 개혁될 것이다.

조금씩…, 조금씩… 가벼운 세상으로….

몇 십 년, 몇 백 년이 걸린다 해도 이 땅에 잡초들이 있고 하얀 들꽃 같은 사람들이 존재하는 한!

후대들이 살기 좋은 아름다운 세상을 만들어 갈 수 있도록 창조되어 가고 있는 내면세계의 창조자들이 있기 때문에 이 아름다운 사람들의 몫이 있어 새로운 민족이 이루어지리라.

땅의 바람 다 지나가고 하늘의 새 바람이 불어와 개벽을 이루리라.

우리 모두가 이 사망의 음침한 골짜기를 죽음으로 지나가자.

부활의 파라다이스가 펼쳐질 때까지…!

내 것이 된 만큼만!

사랑도 나요,
미움도 나인 것을.

사랑하는 것도 내가 하고
미워하는 것도 내가 하는 것을

사랑하는 것을 좋아하는 것도 나요
미워하는 것을 싫어하는 것도 나인 것을.

그대.
사랑인 그대.

그대 찾아 나선 이 길이
그리도 멀고 먼 길인 줄 나는 몰랐네.

아프면 아프다고
슬프면 슬프다고

기쁘면 기쁘다고
행 · 불행을 넘나들면서도

오직,
그대를 바라고

그대만을 그리워하며
그리움에 사무쳐서 울고 웃으며 살았었네.

내가 갖고 싶은 만큼만
내 것이 되는 비밀 자체가
그대라는 것을 알았기에….

슬퍼하는 여인도 나요,
기뻐하는 여인도 나라는 것을 알면서도
뻔뻔스럽게 그리고 당당히 살아왔지요.

이러한 나에게서
슬픔과 기쁨이 하나라는 것을
몸소 경험하여 알게 될 때까지
알게 하는 그대의 사랑을

내가 갖고 싶은 만큼만이
내 것이 되는 비밀을 알았기에
이제 나는 그대를 사랑할 수밖에 없습니다.

사랑이 사랑을 사랑하게 하는 그 사랑.
이 사랑을 가진 만큼
내 것이 되니까…!

지금까지 걸어온 그 길.
그 길보다 더 멀고 험한 길이 놓여 있을지라도

그대를 가슴에 품고
울고 웃으면서 남은 길을 마저 걸어가렵니다.

나에게 찾아온 이 사랑은!

당신을 향한 그리움도 사랑이었고
당신을 향한 사모함도 사랑이었습니다.
때로는 미움으로
때로는 원망함으로
때로는 후회함으로
때로는 시기함으로
때로는 오만함으로
기다리고 또 기다리며 사는 것도 사랑이었습니다.

당신을 그리워하고 있는 동안
당신을 사모하고 있는 동안에
내 마음속에는 보랏빛 꽃잎들이 쌓이고
슬픈 노래들이 흘러나왔습니다.
때로는 온유함으로
때로는 평온함으로

때로는 부드러움으로
때로는 온화함으로
때로는 겸손함으로
이렇게,
기다리고 또 기다리며 사는 것도 사랑이었습니다.

사모함과 그리움으로 산다는 것 자체가
창공을 높이 높이 날아오르게 하는
새의 두 날개 짓과 같은 것인 줄 알게 되었습니다.
사랑은 끝이 없는 그리움과 사모함이라는 것을!
몸으로 깨달으며 이루어 가는 삶이라는 것을 배웠습니다.
나에게 온 이 사랑은 그것을 가르쳐 주었습니다.

재가 되고 먼지가 되고 티끌이 되고
결국엔 아무것도 아닌 것이 된다는 것을 알게 된 것이
은혜 중의 은혜로구나!

한 줌의 흙으로 돌아간다는 것은 "본연의 나"를 찾았다는 것이요,
한 올의 바람으로 돌아간다는 것은 "본질의 나"를 발견한 것이다.

감사하리로다. 감사하리로다. 감사하리로다.

"생명은 영으로 불어온다"

내 사랑아!

사랑아 사랑아 내 사랑아!
눈물겹도록 살아내야 할 삶이 아직도 남아있다면,
몸으로 살아다오!
사랑아 사랑아 내 사랑아!
가슴 시리도록 사랑해야 할 사랑이 아직도 남아있다면,
가슴으로 살아다오!
사랑아 사랑아 내 사랑아!
그리움 가득 안고 보고픈 사랑이 아직도 남아있다면,
한 마리 나비 되어 훨~훨 날아가 마음껏 사랑을 해 보렴!
밤하늘에 흐르는 정적만큼이나 외롭거들랑,
별이 되어 별이 되어 찾아가려무나!
사랑아 사랑아 내 사랑아!
눈물겹도록 널 기다리는 영혼들의 목메임이 있는 곳으로
사랑아 사랑아 내 사랑아!
가슴 시리도록 널 사모하는 영혼들의 사무침이 있는 곳으로 사랑아 사랑아 내 사랑아!

그리움 가득 안고 "이제일까, 저제일까" 기다리고 있는

슬픔의 사람들 속으로 한 올의 바람 되어 찾아가려무나!

사랑아! 말씀 안으로 들어가 보자.

영으로 거지(프토코이)들은 복 있도다.

왜냐하면, 하늘들의 나라가 저들의 것이기 때문이다.

애통하고 있는 자들은 복이 있도다.

왜냐하면, 그들이 위로를 받게 되기 때문이다.

온유한 자들은 복이 있도다.

왜냐하면, 그들은 땅을 기업으로 받게 되기 때문이다.

의에 목말라하고 배고파하는 자들은 복이 있도다.

왜냐하면, 그들은 배부를 것이기 때문이다.

긍휼한 자들은 복이 있도다.

왜냐하면, 그들은 긍휼을 받게 되기 때문이다.

마음으로 청결한 자들은 복이 있도다.

왜냐하면, 그들은 하나님을 보게 될 것이기 때문이다.

화평한 자들은 복이 있도다.

저들은 하나님의 아들이라 불리움을 받게 될 것이기 때문이
다.

의를 인하여 핍박을 받게 된 자들은 복이 있나니
하나님의 나라가 그들의 것이기 때문이다.
거짓말을 하고 있는 자들이 "나를 인하여" 너희들을 반대하여
모든 악한 말을 할 때 너희들은 복이 있도다.
너희들은 기뻐하고 즐거워하라.
왜냐하면, 하나님 나라 안에서 너희들의 그 "상"이 크기 때문
이다. 너희들 전에 있던 선지자들을 이와 같이 핍박했었기 때
문이다.
사랑아! 말씀 밖으로 다시 나가 보자.
이제는 손에 손을 잡고서
눈물겹도록 사랑을 기다리고 배고파하는 거지 된 영혼들에게
로,
사무치도록 가슴을 열어놓고 사랑을 기다리는 애절한 영혼들
에게로,
그리움 가득 안고 사모하고 기다리는 영혼들에게로 함께 날아
가 보자.

디모데 전서를 읽으면서

활~ 활 불타오르고 있는 영혼들이여!
재가 된 백골의 분말들을 만져 보고 싶습니다.

캄캄한 새벽을 깨우고 있는 영혼들이여!
사라진 어둠과 찾아온 빛을 노래하는 목소리를 듣고 싶습니다.

심심한 가슴을 불태우고 있는 영혼들이여!
희로애락을 태운 그 언덕, 그 가슴 품속에 안겨 보고 싶습니다.

이제는 보고 싶다. 이제는 만나고 싶다. 이제는 함께 살고 싶다.
그리하여 이제는 말하고 싶다.

이제는 밤이 맞도록, 날이 새도록,
하나님의 말씀과 안의 기도로 거룩해지는
거룩의 산으로 올라가 살고 있는 영혼들을 만나고 싶다.

그리하여
내 영혼도 함께 불붙고 백골의 가루가 되어 그곳에 뿌려지며

죽음과 부활을 노래하는 음향이 찬찬히 울려 퍼지고 있는 그
곳에
삶을 태운 그 언덕 위에 새로운 꿈의 집을 지어볼 수 있을 때까
지…!

Amor _ Fati (운명애)

두 번째로 나의 죽음의 준비를 시작해야겠다는 생각이 든다.

도구들이 다 사용되어 기능이 다 끝나면 폐기하듯이 이 흙의 기능이 다 된 것 같다면 이제는 어떤 방법으로 되돌려줄까를 한 번 생각해 볼 수밖에 없는 지금이다.

2012년도에는 정신적으로 준비를 다 했었는데, 오늘은 육으로 준비를 하고 싶어진다. 어떤 방법으로 어떤 모양으로 이 흙을 되돌려 줄까를….

이 세상이 원망스러워서가 아니라, 이 세상을 너무 잘 살아왔고 참으로 행복했었다고, 그리고 지금 행복하다고 말할 수 있을 때이기에 이러한 준비를 해놓고 싶다.

지금 다시 한 번 내 생을 되돌아보고 쭉 살펴보니 정말로 참 잘 살아온 사람이다.

육체로도 큰 고생은 하지 않았을 뿐만 아니라, 마음으로도 큰 고생은 하지 않아도 될 사람이었으나 내 스스로가 마음을 사서 작은 고생들을 만들어 하고 살아왔던 것이 그런 모습으로 살아왔던 것이다.

사실, 저만 한 신랑 만나기도 쉬운 일은 아닌데, 내가 못나서 내가 스스로가 누리지 못했던 것뿐이지…!

자기 말마따나 바람을 피웠나, 놀음을 했나, 술에 찌들었나, 폭력을 했나, 그렇지 않지 않았는가! 그저 열심히 한눈팔지 않고 최선을 다해서 살아온 사람.

또 세상 살아가는 데 필요한 자기 논리와 자기 철학이 분명해서 자기 가정을 지키기에는 실수가 없었던 사람.

다만, 삶의 매너가 부족하고 알뜰해서 사랑의 표현을 특별하게 못했을 뿐인데…!

그만하면 괜찮은 사람이었건만, 내 자신이 그 뜻을 받아들이지 못하고 고통스러워했다.

그러나 내 마음의 세계를 떠나 어디론가 가야만 할 운명을 가지고 태어난 사람이기에 내 마음 바다의 풍랑을 스스로 일으키며 다스리지 못하고 그렇게도 마음고생을 내 스스로가 하고 살았던 것이다.

그럼에도 불구하고 그 마음의 풍랑이 나를 여기까지 몰고 온 것이 참 감사해야 할 일이다.

하나님의 형상과 모양을 이루며 살아가야 하는 운명의 삶이 내게 있었다는 사실이 얼마나 귀한 일인지!

이 일은 온 가산을 다 팔아서 사고자 해도 살 수 없는 일이 아닌가!

바닷속에서 40년의 세월을 허비한 것 같아도 이 조개 같은 내 마음 세상 안에서 진주를 키워내고 있었다는 사실을 들여다보라!

지금도 자라고 있음을 보는데 무엇으로 바꿀 수 있겠는가!

나는 나는 이 살아 있는 진주를 들여다보노라면 너무나 신기하고 행복하다.

이래서 나는 이 나를 사랑하게 되고 귀하게 여길 수밖에 없게 된다.

"이렇게 살아가야 할 운명을 사랑하라"라는 명령문 속에 내가 들어 있는 이 운명을 어찌 사랑할 수 없으랴!

내 안에서 이 모든 성경의 의(디카이 오스네)를 이루어 오는데 큰 역할을 감당한 분이, 아버지께서 쓰시는 사역자 중의 사역자가 남편이었다.

가장 사랑해야 할 사람이었음에도 불구하고 사랑할 수 없었던 사람.

귀한 남편으로 이제는 편안히 내어 놓는다.

"그동안 고마웠다."라고, 그리고 "그동안 수고하셨다."라고,
그리고 "미안하다."라고
 마음으로, 입술로 조용히, 조용히, 더 조용히 말하면서…!

사랑 속의 칼날

하나님의 진노를 쌓고 있는 자가 누구이뇨.

하나님을 대적하고 있는 자가 누구이뇨.

하나님의 살아 있고 운동력이 있는 양면의 칼날 같은 말씀이

하나님의(사람) 손에 들려지면 성령으로 사랑으로 쓰다듬기를 시작하는구나!

그때부터는 쓰다듬으면 쓰다듬을수록 더욱 드러나기 시작하게 되는데 본질이 무엇인지가 더 드러나게 된다는 말이다.

어떤 존재들인지, 각각의 종류대로 열매들을 드러내어 각각의 존재들이 드러나서 각각의 존재들로 살아갈 수밖에 없도록 빛 앞에 환하게 드러나게 된다는 말이다.

진리의 세상 안에서는 빛이 비추이기 때문에 더 분명하게 그 존재가 존재 됨으로 드러나고 있다는 사실.

자기의 수치와 부끄러움이 무엇인지도 모르는 채로 살아도 그것까지도 침묵으로 아무 말 없이 사랑하고 계시는 사실만 보아도 하나님은 사랑이시라는 말씀이 진리이로구나.

더욱더 나아가 하나님은 빛도 내가 지었고 어둠도 내가 지었다는 말씀으로 참 진리임을 드러내시고 있구나!

살아 역사하시는 말씀이 하나님의(사람들) 손 안에 들리우면 사랑할 때 쓰다듬는 일만이 아니라 숨은 칼날이 그 안에 있어서 갈라내고 잘라내는 일도 하고 있다는 사실을 어찌 알 수 있었으리요.

사랑하면 사랑할수록 예리한 칼날이 잘라내어 생선포를 뜨듯이 영과 혼과 골수와 관절을 찔러 쪼개며 마음의 생각과 뜻을 판단하는 것을 어찌 알 수 있었으리요.

만물이 벌거벗은 것같이 드러나는 것을 어찌 알았으리요.

감사하리로다.

하나님의 사랑의 날개 안에 칼날이 이렇게 숨겨져 있는 줄을 알았더라면 내 어찌 이 길을 따라 왔으리요. 사랑만 보였지 숨은 칼날은 전혀 보지 못했기에 따라 나왔답니다. 서슬이 시퍼런 칼날이 그 사랑 안에 감추어져 있는 줄 알았더라면 십리, 만리 도망을 갔었겠지요. 나같이 겁 많은 사람은 그 사랑 안에 숨겨져 있는 칼날을 볼 수가 없었던 것이 은혜였음을 감사하나이다.

그 사랑 안에 감추어져 있는 서슬이 시퍼런 칼날.

영과 혼과 관절과 골수를 찔러 잘게 쪼개고 마음과 생각과 뜻을 판단해 주시는 말씀의 칼날. 이 칼날이 어마어마한 사랑하심 보다 더 크신 사랑인 것을 어찌 알 수 있었겠습니까.

지나온 세월을 뒤돌아보며 여기에서 지금 이렇게 나를 내려다 보니 감사할 수밖에 없습니다.

따뜻하게 안아 주시던 때에도 사랑이셨지만, 매몰차게 내어 던지시던 때에도 사랑이셨음을 감사하나이다.

당신의 따뜻한 품속에 칼날이 숨겨져 있었던 것을 몰랐기에 그렇게도 울며불며 따라왔었네요.

이제부터는 울지 않을 거예요. 절대로 울지 않을 것입니다.

사랑이 무엇인 줄을 알았으니까요.

깃털 속에 감추어져 있던 칼날을 보았으니까요.

사랑의 타작마당이 펼쳐질 계절이 지금 다가오고 있으니까요.

아마도 사랑의 타작마당이 열렸는지도 모르겠습니다.

시냇물 줄기에 심겨 있는 나무(에츠)와 같이 바람에 날고 있는 겨(모츠)와 같이 그루터기와 같은 나무와 날아다니는 겨와 같은 티끌을 갈라내고 털어내는 타작마당의 대향연을 곧 보게 될 것입니다.

내 몸 안에서와 당신의 나라 안에서….

한 알 밀알의 소원

한 알의 밀알이 된 자들.
어데로 가야 하나!
한 알 그대로 놓아두면 무엇을 할 수 있으랴!
한 알, 한 알 모두어 함께 빻아서 가루를 만들고
또 먹거리가 되도록 빚고 지지고 볶고 하여
한 상의 식탁에 올라가 풍요의 제물로 바쳐지듯이
아파르가 된 자들
광야 안에서 아파르가 된 자들
한 알의 밀알이 된 자들.
어데로 가야만 하나!
한 알의 밀알이 되기까지만 해도
얼마나 많은 위험 속에서 살아남은 한 알인데!
갖은 비바람 속에서도 힘들었지만,
갖은 잡초들과 수많은 돌들 사이에서도
이기고 살아낸 한 알의 밀알들인데….

이제 어데로 가야 하나!
이 한 알 그대로만 살고 있어도 좋은데,
어찌 이 한 알의 소원은 여전히 남아 있는 것일까…!
세상에 심겨져 또 다른 한 알의 밀알이 되고자 하는 원함은
누구나 이미 알고 있는 바이지만,
자기 형체가 없어져 새롭게 빚어지고 지져지고 볶아져서
한 상의 밥상으로 오르기를 원하는 소원을 보게 되는구나!
아~
이제 그때가 내게도 오고 있구나!
하나님의 나라를 향하여 함께 걸어갈 대로가 열리고 있는 이
때에
한 알의 밀알 된 자들 우리 모두는 어데로 가야 할까!
한 알의 밀알 된 것만 해도 기적이라서 감사 감사하면서
살고 있는데
이제 또 다시 한 알 한 알들이 모여서 하나로 빻아
새로운 덩어리 형체로
빚어지고 지져지고 볶아져서 그 나라의 식탁에 올려지는
제물덩이가 된다면
이것은 더더욱 큰 기적이요 이적이요 축복이 아니겠는가!

알파의 밀알이 오메가의 밀알로 나아가는 대로가 열리고 있는
이 시대 속에서
한 알 그대로 살아남아 있지만 말고
제물 되기 위해 돌아온 자들(남은 자들) 속으로
쏙– 들어가 함께 아무 흔적도 없이 살다가
그대로 숨을 거두고 싶은 마음으로 이 글을 쓴다.
그동안 돌멩이들과 잡초들 속에서도 죽지 않고 상하지 않고
지금까지 살아남아 있는 이 밀알 한 알.
이 한 알의 밀알이 살아보고 싶은 마음으로
이렇게 노래해 본다.
광야 안에서 아파르가 된 존재들.
이들 모두를 또 다시 하나로 빚어 만들어 가는 것이
이 거룩한 사랑이 하는 줄을 이제 또 다시 알게 되었고
일곱째 날에 이른 그 사람들이 살아가는 삶이
이런 사랑의 삶인 것을 이제 확실하게 알게 되었다네.

우리 사랑

우리 사랑
나란히 나란히
한 곳을 바라보며
그날까지 날아요.
"모노게노스"들로요.
"아가페토이"들로요.

우리 사랑
영원히 영원히
한 곳을 바라보며
가슴속 깊은 곳 너머
사랑 자녀들을 낳아요.
"모노게노스"들로요.
"아가페토이"들로요.

우리 사랑
찬란히 찬란히
한 곳을 바라보며
하늘의 별들처럼
"모노게노스"들로 빛나요.
"아가페토이"들로 흘러가요.

우리 사랑
나란히 나란히

우리 사랑
영원히 영원히

우리 사랑
찬란히 찬란히

"모노게노스"들로요.
"아가페토이"들로요.

오늘 나의 집 속으로

찰나를 살아가는 순간의 삶이 무엇을 생각하며 살아가는가!

천 갈래, 만 갈래로 갈라질 수밖에 없는 이 황홀한 광야에서….

새가 내 머리 위를 얼마든지 날아다닐 수는 있어도 내 머리 위에 집은 짓지 못하게 하라고 말씀하신 분이 있는 것처럼.

그렇다. 만 가지의 생각이 날아다닌다.

허나, 어떠한 생각이 내 머리 위에서 돌고 도는가!

지금 잡을 것을 잡고 그 집으로 들어가야 한다.

그 집에서 내가 살 것이니까!

나는 이 몸 안에서 생각을 많이 하는 사람임이 이제 드러났다.

어제도 운동하러 나갔다가 무엇으로도 계산할 수 없는 재산을 한 짐 메고 들어온 결과를 얻었다.

뚝방에서 말라가는 코스모스와 금잔화들을 들여다보고 있는데 어데서 호랑나비 두 마리가 날아왔다.

한 마리는 커다란 호랑나비(여러 모양과 색깔로 수놓아진), 하나는 흔히 볼 수 있는 작은 호랑나비.

이 두 마리의 비행과 즐기는 모습을 한참 지켜보다가 그들이 날아가기에 나도 다시 걷기 시작했다.

다리가 아프고 목과 어깨가 굳어지는 것 같아서 풀어질 때까지 더 걸어야겠다 싶어 걷고 있는 도중에 갑자기 눈꺼풀이 내 눈을 덮어 버리면서 그 자리에 눕고만 싶었다.

의자 있는 곳으로 가서 앉았다. 스르르 눕고 싶어 누워버렸다.

얼마나 편한지…! 잠시 잠깐 잠이 들어버린 것이었다.

그 바람 불고 차가운 기운도 느낌을 모르는 채….

깨어 일어나 조금 걷기 시작하니 온몸이 오싹오싹 떨려온다.

이러면 안 되는데, 이러면 안 되는데를 되뇌이며….

집으로 달려 들어왔다.

점점 콧물은 쏟아지고 오들오들 떨어가며 늦은 점심을 차려서 둘이서 먹고 치우고 잠시 또 누웠다가 직장으로 향했다.

내복을 입었어도 추워서 견딜 수가 없으니까 더 따뜻한 옷이 그리워지기 시작했다.

지각을 하더라도 시장에 들어가 옷을 사 입어야겠다 싶어서 들러보았지만, 추위만 가시면 될 것을! 하면서 돌아서서 어린이집으로 갔다.

선생님들이 아직 퇴근하지 않고 여러분들이 계셨는데 그분들을 보는 순간 얼굴 도장을 찍고 하는 말.

잠깐 볼일 좀 보고 올 터이니 아이들을 부탁한다고 말해놓고 나와서 옷가게들을 이곳저곳 들여다보았다. 따뜻한 옷을 찾으며….

다시 걸어서 역전까지 와 따뜻한 옷을 만났다.

그 자리에서 새 옷을 입고 헌 옷은 버려달라고 부탁하고 나왔다.

따뜻했다. 일을 마치고 집으로 돌아오면서 여러 가지 생각들이 오고갔다.

슬프고 아프고 서러운 생각들을, 그리고 즐겁고 기뻐해야 할 이유에 대하여.

지나온 세월과 지금의 순간들 속에서 "찰나의 꽃"들을 떠올려보는 일.

그 생각들을 내 머릿속에서와 마음속에 집을 짓지 않고 며칠 전 화두로 주어진 단 한 가지, "풀잎이 감기 들었네"라는 그 집 속으로 쏙~ 들어갔다.

남은 시간들을 그곳에서 누리고 또 누리며 하룻밤을 맞이했다.

새 사랑

그리스도는 말쟁이도 아니요.

그리스도는 글쟁이도 아니요.

그리스도는 사랑쟁이도 아닌 것을…!

샘솟듯이 말이 나오는 것이 아니요.

샘물처럼 글이 흘러나는 것이 아니라 그 생명 자체로… 그 존재 자체로… 그 본질 자체로…그 영원한 생명의 말씀 그 자체로 살고 있는 것인 것을…!

사랑이란 말에 속지 마오.

사랑이란 글에 속지 마오.

사랑이란 언어에 미혹되어 살지 마오.

그 사랑이란 사랑하려고 하는 그 무엇이 없는 그 사랑 자체라오! 그 사랑이라는 집안에서 나와야 할 그 무엇이라오! 사랑이라는 것은 그 사랑의 집안에 도달하기까지 길러져 살아봐야 할 몽학선생과도 같은 것이라오!

그림자 사랑에 속지 마오. 참빛 사랑 안에 도달하기까지 속고 속이는 사기꾼일 뿐…!

사기를 당하기도 하고 사기를 쳐보기도 하는 인생 장난꾼이요, 바람둥이 천사라오!

밤길을 걸어 봤소!

정오의 길을 걸어 봤소!

인생 장난꾼은 죽어야 하오. 인생 사기꾼은 잡혀야 하오. 인생 사랑놀이에 도(道)가 터버린 도인들이여! 속이고 속는 인생살이를 그만 끝내시오. 사랑놀이는 헌신짝처럼 버리고 자기 안에서 새 사랑 만나 서로 사랑하며 살으시오.

그 사랑은 말쟁이도 아니요 그 사랑은 글쟁이도 아닌 것을 알게 될 것이오. 그 사랑은 그 자체로 살아갈 그뿐이라오!

말로도 글로도 남길 것이 없는 그런 사랑이라오! 말하지 않을 수 없고 쓰지 않을 수 없어서 말하게 되고 쓰게 되는 말과 글일 뿐이라오! 인생의 이름과 인장(印章)을 남길 수 없는 그 사랑. 그 사랑은 이름도 도장도 없은즉! 어찌 인생이랴! 인생 사랑놀이 속에서 빠져 죽어버린 돌무덤. 인생 불꽃놀이 속에서 타 죽어 버린 잿더미. 그 돌무덤 사이에서 피어나는 민들레 꽃 같은 것! 그 잿더미 속에서 솟나오는 두 떡잎 같은 것!

연꽃 등불에 새겨 넣은 이름 석 자 아니라오!

네온사인 십자가에 새겨 넣은 이름 석 자 아니라오!

연꽃 등불 사라지고 네온사인 십자가 다 내려진 후에 새로이 불 밝혀질 참 빛이라오! 더 이상 밝혀 줄 등불이 없는 빛이라오! 더 이상 사랑해 볼 사랑이 없는 사랑이라오! 더 이상 말해보려고 할 말이 없는 말 자신이라오! 더 이상 써보려고 할 글이 없는 글 자신이라오!

말쟁이가 아닌 말로써 말하고 글쟁이가 아닌 글로써 글을 써 가는 유명과 무명이 없는 그 세계의 말이요, 글이라오!

이름도, 인장도 없는 말과 글.

말을 하시오!

글을 쓰시오!

인생 불꽃놀이에서 재가 되어 버리고 다시 솟아난 새싹들이여! 인생 사랑놀이에서 돌무덤이 되어 버린 그 사이에서 다시 피어난 민들레 꽃들이여! 이름 석 자 남길 것 없이 된 글이 된 자들이여!

말이 된 자들이여! 말을 하시오! 글을 쓰시오!

글들이여! 말들이여!

"새싹들이여! 꽃들이여! 씨들이여!"

무엇으로 살 것인가

성경에 '너희들의 그 마음이 자극되지 못하게 하라'(요14:1)는 말씀이 있지만, 천사가 가끔 내려와 연못 안의 물을 동하게 하듯이 나는 나의 마음이 파도를 치게 했다.

남편 병원에 약 타러 같이 가면서 일주일이 넘도록(왼쪽 손등과 손바닥, 장지손가락) 통증이 가라앉지 않고 고통스럽게 하는데도 불구하고 집에 들어오나 나가나 쉬지 못하고 일하고 살아야만 하는 나는 도대체 무엇이고, 왕자처럼 고귀하게 손끝 하나 놀리지 않고도 편히 살아갈 수 있는 저 사람은 도대체 무엇이란 말인가!

이런 생각들로 내 마음에 자극을 불러 일으키어 파도타기를 하게 되었다.

한 집안에 살고 있는 두 사람의 모습 속에서도 각자의 삶이 다르다.

생각이 다르고 성격이 다르고 기질이 다르고 신앙이 다르고 취미가 다르고 사람이라는 것 하나만 같았지, 두 사람의 내용물

144

은 전혀 다른 사람끼리 살고 있다.

많은 것을 생각해 보면서 각자 한 사람(한 아담)속에서도 혼과 영의 관계성이 이러하겠구나!

어느 쪽이든 하나만 살면, 이 요동치는 파도는 없을 것이 아닌가! 혼의 사람이 살든지, 영의 사람이 살든지 한 집(한 사람)안에 하나만 남아야 한다.

혼의 사람도 평안을 구하고, 영의 사람도 평안을 원하는데, 혼의 평안은 자기만을 위한 삶이 되고, 영의 평안은 만인의 평안이다. 그러므로 혼의 사람은 자기 자신만을 위하여 살 수밖에 없게 되고 영의 사람은 자기 자신은 점점 사라지고 영만 남아 그 영 자체가 만인에게로 존재 자체가 되어 흘러가게 된다는 것을 보게 되었다.

내가 오늘 살았던 삶을 통해서 잡은 것은 사람이 아무리 평안하다 해도 혼의 평안은 휴전상태의 평안이요, 영의 평안은 존재 자체 평안이므로 존재 자체가 자라가야만 하는 것이다.

그러므로 영원으로 흘러가는 평안 자체라는 말이다.

혼의 평안은 환경이요, 영의 평안은 존재라!

어떤 것을 좇아 살다가 생을 마감할 것인가!

노아처럼

평범한 사람으로 평범하게 살았을 때의 노아.

방주를 120년 동안 짓고 있었던 때의 노아.

방주 안으로 모든 식솔들을 데리고 들어간 때의 노아.

산꼭대기에 이르렀을 때의 노아.

물이 빠지기 시작할 때의 방주 속에서의 노아.

마른 땅으로 다시 나온 때의 노아.

하나님 앞에서 단을 쌓고 제사를 드리는 때의 노아.

어디서 무엇을 어떻게 해야 좋을지를 기다렸던 노아.

이 노아의 일생을 통해서 그때그때마다 그 심정을 헤아려 봅니다. 이 노아의 일생 속에서 또 내가 걸어온 일생을 더듬어 봅니다.

노아는 믿음이라는 방주를 120년 동안 지으면서 과거의 옛 시절을 버리고 오직 달려갈 길을 달려갔고 방주 짓는 일에 미쳐 살았지 않았는가!

"말씀대로 온 식솔들을 그 방주 속으로 다 태울 때 그리 쉽게 될 만만한 일이 아니었을 터!"

그럼에도 그런 것들을 개의치 않고 항상 모든 일에 미친 자로 살았던 노아.

다 태우고 맨 마지막으로 들어갔을 노아의 그 심정.

세상에 홍수가 내리고 다 잠겨 싹쓸이를 할 때 그리도 마음이 즐겁기만 하고 행복했을까!(물론 자기와 자기 가족들은 특별한 하나님의 축복으로 살리셨다는 안도감에 특별 감사가 있었겠지만…)

이제부터는 방주 안에서 영원히 살았다는 이야기도 아니요, 아라랏 산에서 높이 떠서 그곳에서만 살았다는 이야기도 아니요, 땅으로 내려와 다시 살기 시작했다는 이야기인데, 요즘의 나의 생을 보면서 어찌해야 할 것인지 막연합니다.

그렇다고 옛 방주 짓기 전의 생활인으로 돌아가는 삶도 아니요, 방주를 짓는 일만 하고 있고 또 그 지어놓은 방주 속에서만 살았던 것도 아니요, 수고하고 땀 흘리고 살아내야 할 땅으로 다시 내려왔다는 것인데 노아는 농부로서 포도밭 농사라도 짓고 살았지만, 나는 무엇을 할 것인가.

그러면, 방주는 왜 짓도록 하셨으며 그 방주 안에서 영원히 살게 하지 않고 방주에서 다시 왜 끌어내어 살게 하신 것일까!

왜 평범한 생활을 하지 않고 늘 그 시대 그 시대를 미친 짓거리를 하며 살게 된 것일까!

여기에 기묘의 하나님.

이 기묘의 하나님 안에 그 큰 사랑이 들어있는 것이 아닐까!

이래서 미치도록 좋고, 더 나아가 미친 자가 되지 않고는 더 나아갈 수가 없겠구나!

작은 옹달샘

나는 아주 작은 옹달샘.
영혼도 몸도 아주 작은 옹달샘.
똑 똑 한 방울 한 방울 떨어지는
물방울들을 모아둘 수 있는 작은 옹달샘.
근원의 줄기로부터 떨어져 내리는
한 방울 한 방울의 물을 모아둘 수 있는 작은 옹달샘.

나는 아주 작은 옹달샘.

내 영과 혼과 몸이 하나된 아주 작은 옹달샘.

내 영혼의 내면에서

활동하여 떨어지는 한 방울 한 방울의 물방울들.

이들이 모여 모여 영혼의 외면에 옹달샘을 만들었구나!

또한 이 몸을 움직여

매달 매달 들어오고 있는

은행 통장 속의 고여 있는 현금.

매일 매일 먹고 살 수 있는 아주 작은 옹달샘 터.

영과 혼과 몸.

이 세 가지가 하나되어 살고 있는 현재의 나.

이러한 내가 곧 옹달샘이 아니런가!

더 이상 무엇을 더 말하고 바라랴!

내 일생의 일상 삶을 통해

이러한 내가 되어 살고 있다는 것이

세상의 어떤 말로도 글로도 표현할 수 없는

신비 자체요, 기적 자체요, 능력 자체가 아닌가!

세상의 말로, 글로 다 표현할 수 없는
찬양, 감사, 영광의 언어의 느낌
그 빛 자체의 물방울들이 모여 모여
흐르고 있는 이 작은 옹달샘.
이 육체가 존재하고 있는 날 동안에
그 근원 안의 이 옹달샘 자체로 살아갈
"나"이기만을…!

앎과 삶의 등식

"예수 그리스도 안에서는",

또 "영과 생명의 말씀 안에서는"이라는 말은 인간과 하나님이 하나 되어 갈 수 있는 필수의 화목의 장소요, 만남의 시간을 이룰 수 있는 새로운 세계라고 말을 해도 될 것만 같다.

이 말은 인간을 아는 만큼만, 하나님을 안다고 말해도 손색이 없을 터!

예수 그리스도 안에 곧, 영과 생명의 말씀 안에서 살고 있는 사람만이 '앎=삶이다. 인간=하나님이다.' 라고 말할 수 있는 등식을 만들어낼 수도 있지 않겠는가!

인간이 신이라고 정의를 내린 타종교들도 있지만, 정작, 우리 기독인들에게서 먼저 이 사실을 드러냈어야 했는데 그동안, 그 일은 제쳐놓고 책 성경 말씀 전쟁만 하느라고 분열을 일으켜 교단과 교파와 교리들을 세우는 일들을 더 많이 해왔던 것 아닌가!

그러나 이제는 다 드러났으니, 더는 싸우지 말고 지금까지 사용해왔던 신관, 교회관, 구원관, 영생관, 천국관, 지옥관, 관, 관,

관들을 다 내려놓고 모든 인생들이 자기를 찾도록 도와주는 기독교가 되었으면 좋겠다.

왜냐하면, 예수는 사람(짐승)들을 사람다운 사람 되게 하기 위해 사람의 모양으로 이 땅에 오셔서 함께 죽어 주려고 오신 분이요, 말씀 제물로써 사람 잡는 사랑 자체로써의 우리를 위한 사랑 제물로 오신 분이다. 그리고 그리스도는 이 예수와 함께 죽어버린 하나 된 제물들을 성령 안에서 다시 살리러 오신 분이니까 예수와 함께 죽은 삶이 없이는 그리스도와 함께 다시 살아날 수도 없다는 말이다.

예수만 믿으면 구원이요, 천당 간다.

예수만 잘 믿으면 축복받아 잘 살게 된다는 말은 저 본능의 짐승들만도 못한 인간 사기꾼들이나 할 수 있는 말이다.

예수 그리스도는 중보자라고 하면서 예수만 죽고 인간 자신들은 더 살고자 하니 예수만 피를 흘리고 나는 피를 흘리지 않고도 영광스럽게 살겠다는 뜻인데 아니다. 아니다. 예수와 나는 함께 피를 흘리고 죽어야 할 한 몸(예수와, 나)이다.

짐승을 죽일 수 있는 것은 인간이지만, 사람을 죽일 수 있는 것은 사랑 자체인 예수뿐이다. 그래서 예수 그리스도 안에서, 말씀 안에서 이루어져야 할 삶이라는 뜻이지, 예수를 우상화 만들고,

말씀을 우상화 되게 하라는 뜻이 아니지 않는가 말이다.

인간과 하나님 사이를 참 화목하게 할 수 있는 분이기도 하지만, 인간과 인간 사이를 참 화목하게 할 수 있는 분도 이 분뿐이다.

예수는 인간을 아는 분이요, 그리스도는 하나님을 아는 분으로서의 한 사람. 예수는 이 땅에 내려와 다시 말씀 몸이 되어 사람들 몸속으로 들어가서 살기 위해 인간의 몸으로 땅의 삶을 살 수 있는 분이셨고, 그리스도는 이 세상에 오셔서 하나님으로 사람의 몸속으로 다시 들어가서 하늘의 삶을 살아가시는 말씀 몸이 되고 싶은 분이 아니셨던가!

그래서 인간을 죽일 수 있는 사랑 자체인 분이시요,

그래서 예수와 함께 죽은 인간을 다시 살릴 수 있는 새 사랑이신 분이 아니신가!

한 알의 밀알로 오셨다고 비유하신 말씀을 다시 한 번 묵상해 보자.

"앎과 삶은 하나"

살아 있는 생명체라면 자란 만큼 계시되는 것이 어디 만물(생물)뿐이겠는가!

오늘날, 하나님 말씀만이 계시되는 것이 아니라, 만물이 계시

되지 있고, 보이지 않는 사람의 마음(정신) 세계도, 사람 속에 있는 영과 생명의 존재의 세상도 계시되고 있는 것이라고 본다.

그러므로 나는 아는 만큼 삶을 살 수 있고, 삶을 사는 만큼만 알 수 있다고 말하리라. 사는 만큼만 나도 알고 하나님 자신(그 사랑)에 대하여서도 알게 되는 계시(아포칼룹시스).

사는 만큼만 나도 알고, 아는 만큼만 살고 있는 하나님(그 사랑)의 계시도 알 수 있다는 등식을 만들어 보고 싶어서 한 자 적어본다.

"예수 그리스도의 계시와 그 계시 안에서 살고 있는 나의 계시는!"

수술시간을 기다리며

오실까 오실까 오실 님을 그리워하며
설레는 마음으로 창문을 바라보듯이
만나볼 수 있기를 조급해 하고
설레는 마음으로 수술시간을 사모했는데
웬걸, 오실 님은 형상과 모양으로 오시지 아니하고
이미 본체이신 말씀으로 내 속에 오셔서 계시었네.

오실까 오실까 오실 님을 사모하며
보고픈 마음으로 기다렸는데
기다림이 헛수고요, 착각이었음을 알게 되었네
이 작은 고난마저도 체험해 볼 수 없도록
마취제라는 놈이 빼앗아 가고 아픔을 모르게 했으니
육체의 아픔 없이 사는 것도 은혜 중의 은혜요 축복 중의 축복
이나 현대 문명과 문화의 소산물들이 축복이라기보다는 고난
의 복을 빼앗아 가는 강도임을 잊지 말자.

한 송이의 꽃을 피우기 위해서는
소쩍새는 그렇게 울어야만 하고
상한 갈대가 서 있기 위해서는 비바람이 불어야만 하고
꺼져 가는 촛불은 심지가 살아 있기 위해 눈물을 흘려야만 한다.

그리하여 시들 것은 빨리 시들게 하고
상할 것은 빨리 상하게 하여 마르게 하고
꺼질 것은 빨리 꺼지게 하여 사라지게 하고

또 다시 진리의 영 안에서 새롭게 태어나는
더 이상 시들고 더 이상 마르고 더 이상 사라질 것이 없는
영원한 영혼의 존재들이 되어 살게 하는 역사 속에서

한 송이의 영원한 영혼의 꽃으로
한 마리의 영원한 영혼의 소쩍새로
한 그루의 영원한 영혼의 갈대로 살아야 하느니라.

천국 아낙네

폭풍 바람 속에서 당신을 만났으며
골짜기 눈물 속에서 당신을 만났는데
어떻게 사랑이신 당신을
잠시라도 잊을 수가 있을까요.

나 살아가는 모습이
잔잔한 호수 같은 모양이 아니어도
푸른 초장 같은 평온의 숨결이 아니어도
화려한 궁궐 같은 부요의 삶이 아니어도

지금, 내 가슴속 안에 살아
숨 쉬고 있는 한 몸 된 생명이여
당신과 함께 있는 이 시간
이 모습 이대로가 행복해요.

고기반찬과 오곡밥은 아닐지라도
화려한 드레스와 고급 옷이 아닐지라도
매일 내가 먹는 보리밥과 된장찌개가 좋고
매일 갈아입는 내 헌옷이 제일 좋더라.

육신이 살기 위해 하루를 준비하는 아낙네처럼
영혼이 살기 위해 하루를 준비하는
천국 아낙네를 귀히 여기며 살아가자.

뜨인돌

감추인 세상. 드러난 세상.

이제는 감출 것도, 드러낼 것도 없이 하늘과 땅이 하나로 열려 버렸는데 곧 사람이 일하는 시대는 끝이 나고 사랑이 일하는 시대가 시작되었다고 말할 수 있으리라.

너무나 확실하건만, 너무나 커버린 세상이 있기에 바위에 계란 던지기라는 사실도 알아! 아직은 이르다는 것도 알아! 그러나 전하고 싶은 이 마음 하나가 있어. 이 "뜨인돌"을 어느 곳에 던져야할지! 답답하고 가슴이 아파! 그리스도의 나라를 이루실 아버지. 사랑의 손길 앞에 무슨 할 말이 더 있겠나! "잠잠하라"는 말씀으로 펄펄 끓이시고 녹이시는 장인의 손길 앞에서 하나님의 형상과 모양의 사람으로 되어 새 나라의 새 백성으로 살게 하시려고 내 안에서 일하시고 계심을 뵙니다.

일만 달란트 빚진 자가 주인으로부터 탕감을 받았으면서도 자기에게 백 데나리온 빚진 자를 옥에 가두어 둔 사실을 비유로 말씀하신 이유도 알겠습니다.

우리에게 베푸신 탕감의 복은 헤아릴 수 없이 크고 많은데 왜 우리는 헤아릴 수밖에 없는가?

당신의 마음을 헤아릴 수 있는 마음의 눈, 그 눈 하나 가진 것만으로 감당할 수 없건만! 이 당신의 탕감의 복을 가진 눈 하나로 마음속에서만 아니라, 생활 속에서 살아 내는 이 몸이 되기를!

영과 혼과 몸이 거룩하신 자의 몸으로 함께 지어져 가 "작은 뜨인돌"이 되어 사용될 때까지 잠잠히 있으라는 메시지.

고이고이 간직하고 잠잠히 살겠습니다.

내 영혼의 진보

첫 번째로 옷 입고 세상에 나간 책
<결국에는 생명이다>라는 제목의 책을 내어 놓을 때에는
바람이 불어오길 원하는 마음으로 만들어졌다면,
이제 두 번째로 옷 입고 세상으로 나갈
책을 내어 보내야 할 이 마당에서는
바람에 불려 나가기를
기다리고 있는 내 마음을 볼 수 있다.
신의 바람이 불어 올 때와
신의 바람에 불려 나갈 때
이 둘 사이의 공간과 시간 속에서
한 알의 씨가 열매가 되는
그 활동과정을 자세히 보는 듯하다.
어찌 그리도 살아 움직이는
영과 그 생명의 활동들을
이렇게 보고 듣고 만지고

감지할 수가 있는 것인지!
사람의 힘으로는 도저히
불가능한 일로 보고 있으며
그동안 신의 바람이 불어왔고
또 신의 바람이 계속 불고 있고
그 신의 바람이 지금까지 불어 주었기에
가능한 것이라고 나는 믿는다.
아무쪼록 신의 역사로 말미암아
신들의 세상이 이루어지기를
바라는 마음으로
책으로 되어버린 몸에게
계속해서 바람이 불어오고
또 그 바람이 불어 주기를
기다리면서 가슴 벅차게
오늘도 부푼 마음으로
마무리를 지어가고 있다.

사랑이야기

가슴속 깊은 곳 너머의 세상 안으로
마음 세계를 지나 존재들의 나라 속으로
이곳의 서로사랑이 시작되었으니
이 불을 그 누구가 끌 수 있으랴.
영혼과 영혼의 사랑
국경이 어데 있으며
시공간의 규정이 어데 있으랴.

아름다운 세상

찬란한 세상

로고이들의 세상

아가페토이들의 세상

내 마음속을 빼앗아간 내 사랑이여!

이제사, 확실히 알아보겠네.

그 사랑 앞에는 당할 자가 없구나.

사랑이란 두 글자의 위력이
이렇게도 클 줄이야.
돌덩이만큼이나 굳은 이 마음속을
폭발시킨 당신의 그 사랑.
몸은 없어도 영혼은 살아 있었네.
사랑이 사랑한다 말한 그 한마디는
결국 서로사랑을 이루고야 말았네.
그 사랑이 영혼 사랑인 줄이야.
불행을 행복으로 바꾸면서
살아왔던 세월의 탑들이
마지막으로 서로사랑의 원이 되어
상으로 받게 될 줄을 전혀 몰랐었네.

이제는 두려울 것이 없구나!
죽음이 두려우랴, 삶이 두려우랴.
"서로사랑"만이 존재하는
새 사랑의 세계 속으로
도저히 이 세상 상식으로는 이해할 수 없는
그 안에서의 자칼과 네케바의 사랑이
이렇게 꿈틀대고 있는데!
끝없이 끝없이 영원할
둘이 한몸 된 자들의
사랑이야기로 꽃을 피울 일들만 기다리고 있잖아!

아버지의 품속으로

둥~ 둥 구름을 타고
하늘 높이 높이 올라가 보자.
싱~ 싱 바람을 타고
바다를 넓게 넓게 달려가 보자.
번쩍~ 번쩍 번개를 타고
우주를 돌아보자.

이 좁은 공간 벗어나
넓고 넓은 자연 속으로
들어가 살고만 싶어!
이 좁은 공간 속에서라도
내 마음일랑 넓게 살 수는 없는 것일까.

이 세상 아무것도 아닌 것을 알건만,
왜 이렇게 살아야만 하는 것일까.
조작되는 논리적이고 합리적인
이 세상 공간을 벗어나서
조용하고도 보드라운 세상
시원하고도 맑고 깨끗한 세상
자연의 흐름만이 통용되는
영원한 원리의 세상 속으로
훨~ 훨 날아가고만 싶다.

하나님의 손으로 만드신
달과 별이 친구 될 수 있는 곳으로
하나님의 칭찬만이 들어있는
공중의 새들과 들의 풀들이
마음껏 숨 쉬며 살고 있는 속으로
들어가 함께 살고만 싶다.

이들의 넓은 마음
이것이 찬양일 텐데…!
찬양까지도 조작하려는 인간의 속성.
이 속성 세계를 벗어나 살고 싶은데….

둥~ 둥 구름을 타자.
싱~ 싱 바람을 타자.
번쩍~ 번쩍 번개를 타자.
훨~ 훨 날아가자.
진리 안에서 자유의 세계로
아버지의 품속으로 돌아가자.

제물인가

너는 제물 되기 위해 포동포동 살쪄 가는 어린양 한 마리를 보고 있는가!

너는 푸른 초장에서, 맑은 물가에서 네 팔 벌리고 누워 쉬고 있는 어린양 한 마리를 보고 있는가!

너는 야훼의 손에 서슬이 시퍼렇게 갈려진 칼날이 네 안에서 제물되기 위하여 자라나고 있는 어린양 한 마리를 향하여 바라보며 슬픔과 기쁨이 하나로 이루어진 눈물을 하염없이 흘리고 있는 숨은 그 큰 사랑을 보고 있는가!

너는 모리아 산에 올라가 제단에 올려질 이삭을 내 자신 안에서 보는가!

너는 영원한 이삭 제물로 자라고 있는가!

몸이야, 이 세상 어느 곳에 있든지, 그 무엇을 하든지 영원한 제물 된 한 마리의 어린양이 되어 있음을 보는가!

너는 너의 너 됨을 보라는 뜻은 존재가 존재로 살게 하기 위한 그 큰 사랑이 아니었겠는가!

여호와의 집안에서 길이 길이, 영원히 영원히 거주하고 있는 자로 살게 하기 위한 그 큰 사랑이었음이리라.

죽어서만 가는 천국이 아니라, 살아 있을 때 살아서 오고 있는 천국을 살게 하려 함이니라.

그러므로 육체가 있을 때나 없을 때나 상관없이 존재하고 있는 모노게노스로 살게 하기 위한 사랑이니라.

엊저녁 장시간 교제하면서 풍성했던 것을 전할 수는 없지만, 공동체로서의 교제가 또 얼마나 귀중한가를 새삼스럽게 다시 한 번 느껴 보며 묵상하다가 한 글자 적어놓고 보니 간접적으로라도 교제의 폭을 넓히는 것이 선하겠다 싶어 올렸답니다.

소금과 빛

무심(無心)의 사람들도 살아갈 수 있는 세상 길이 있다네. 마치 이 세상의 백수들이 살아갈 수 있는 길이 열려있듯이….

심비에 숨겨져 있던 보물 하나를 찾기 위해서 달려온 이 길의 마지막이 어쩜! 무심(無心)인 것일 줄이야!

네 소유를 다 팔아서 구제하여 낡아지지 아니하는 주머니를 만들라.(눅 12:33) 옛 마음주머니(낡아지는 주머니)가 없어져야만 새 마음주머니를 가지게 될 것이라는 말씀인 것을 어찌 알았었겠나! 아~ 무심(無心)의 사람이 될 때까지인 것을…. 곧 하늘에 둔 바 다함이 없는 보물이니! 이 보물이 살아 있는 새 주머니로 들어오시려고 그렇게도 문 밖에 서서 두드리시며 기다리셨구나!

오호라! 통재라. 오호라! 비재라.

거기는 도적도 가까이 하는 일이 없고 좀도 먹는 일이 없느니라. 너희 보물 있는 곳에는 너희 마음도 있으리라. 하늘 재물을 쌓을 수 있는 곳이 새 주머니일진대, 어찌 헌 주머니 속에 하늘 재물을 쌓을 수 있었겠나! 밑 빠진 독에 물 붓기였구나!

　헌 주머니 속에는 땅의 재물을 쌓아야만 쌓여지는 법이요. 새 주머니 속에는 땅의 재물이 쌓일 수가 없는 법인 것을…! 이것들도 주인을 너무 잘 알아보는 존재들인 것을! 어찌 알았었겠나! 가이사의 것은 가이사에게로, 하나님의 것은 하나님께로. 만물이 다 자기가 있어야 할 곳에 있지 아니하면 아무리 좋은 곳(천국)일지라도 지옥을 사는 것이 아니고 무엇이랴!

　아무리 살고자 몸부림쳐 봐도 살 수가 없는 것인데! 바닷물 속에서 살아야 할 물고기들이 땅이 좋아서 땅 위로 올라와 살려고 한들 살아질 수가 있는 것인가. 땅속에서 살아내야 할 지렁이가 물속에 가서 산다고 살 수가 있겠는가.

　땅에서 살아내야 할 인생들이 하늘에서 살고 싶다고 하늘에서 살 수 있겠는가! 무엇 때문에 땅의 보물들을 하늘에 쌓겠다고 저야단들일까? 땅의 보물들은 땅에서 다 써버릴 수밖에 없는 것들을 가지고서 말씀과 하나님을 들먹이면서까지 사람들을 속여먹을라치면 되겠는가 말이다.

　가련함이여! 세상이 어떻게 살기 힘든 것이라는 것은 나도 알겠지만, 지금까지는 그렇게 해왔을지라도 이제부터는 그렇게 속일 수는 없다는 것을…. 왜냐하면 시대를 분변할 수 있는 자들이 즐비하게 널려 있다는 사실을 알아야 할 때가 도래해서 지금 살고들 있다는 사실이기 때문이다. 속이지 말고 당당하게 하늘 보물과 땅의 보물을 가르쳐 주고서 가르쳐 준 대가(삯)를 원한다면 누가 잘못되어 있다고 하겠는가!

세상 구조자체가 재물로 굴러가는 것이 당연한 이치이기에 그렇게만 한다면 뭐라고 말할 사람들이 하나도 없을 것이다.

"재물" Treasure(데사우로스) 잠깐만이라도 이것들을 존재로 볼 수 있는 눈을 가진 사람이라면 이것들도 시퍼렇게 살아 있어 자기 주인을 찾아가는 것을 볼 수 있지 아니하겠나!

왜냐하면, 자기를 잘 섬겨주고 높여줄 그런 곳을 향하여 찾아가야지.자기를 헌신짝처럼 천히 여길 주인을 왜 찾아가겠는가?

물질이 바보인가? 아니다. "세상의 왕"인 것을 누가 알리요! 우리 곰곰이 생각해 보자. 우리를 천히 여기고 발의 때만큼도 여겨 주지 않을 사람들 앞에 정말 가고 싶은가? 죽기보다도 싫을 것이다.

이와 같이 물질도 마찬가지일 것이라는 생각을 지금 나는 이 시간 해본다. "무심(無心)한 사람들" 곧 헌 주머니가 불태워지고 그 자리에서 새 주머니가 탄생되는 사람들. 마리아의 몸에서 예수 그리스도를 낳은 마리아와 같은 그런 경험의 사람들. 사라의 몸에서 이삭을 낳은 사라와 같은 경험의 사람들.

그 안에 땅의 보물들을 쌓을 수 있는 죽을(헌) 주머니를 불태워 버리고 하늘 보물들을 쌓을 수 있는 산(새) 주머니를 탄생시킨 자들. 그리하여 너희들은 먼저 하늘 보물을 쌓을 수 있는 자들인지 아니면 땅의 재물들을 쌓을 수 있는 자들인지를 먼저 알아보라고 말씀해 주시고 계시건만, 어찌하여 우리나라 종교 지도자들은 그렇게도 땅의 보물들을 하늘에 쌓으라고 큰소리로 또는 작은 소리로 알게 모르게 호통들을 치고 있는지…!

도무지 이해해 줄 수도 없고 이해할 수가 없구나! 너희들은 하늘 보물들을 쌓을 수 있는 새 주머니를 가져라. 새 술은 새 부대에 담아야 하느니라.

"내가 새 계명을 너희들에게 주노니 내가 준 새 계명으로 서로 사랑하라."라고까지 간곡히 부탁하시고 계시건만…! 무심(無心)이 되어 아무것도 할 수 없게 된 자들이여! 새 주머니를 받으라. 그리하여 그 새 주머니에 가득히 채우는 일을 하라. 언제까지! 두 세 통 드는 돌 항아리 여섯을 아구까지 채우는 일을 하다 보면 언젠가는 물로 된 포도주가 되리라!

무심(無心)된 자들이여!

이 세상에서 맛을 내는 포도주가 되어 결혼하는 잔칫집에서 산 자들의 흥(興)을 도와주는 술이 된다면 얼마나 멋진 인생들을 살아가고 있는 자들인가를 한 번 생각해 보는 것도 무심된 자들이 살아갈 수 있는 일거리 중의 일거리일 것입니다!

이 시대에 백수들도 모임을 갖고 백수들만의 일거리들을 만드는데 우리 무심된 자들이여! 무심(無心)된 자들의 이 같은 모임으로 말미암아 새 시대에 새 일을 하면서 살아보도록 새 꿈을 꾸면서 물이 변하여 새 포도주가 되는 그런 맛을 내는 사람들로 변해 가는 삶을 살아 보면 어떨까요?

"너희들은 세상의 소금이요, 너희들은 세상의 빛이라."

선택의 길

"사망과 생명"
두 갈래의 길에서

망대를 짓기 전에
계산을 먼저 해보라(눅 14:25~35)

지식의 나무로부터
선악의 열매를 먹고살 것인가

생명의 나무로부터
성령의 열매를 먹고살 것인가

넓은 길을 따라갈 것인가
좁은 문으로 들어갈 것인가

모래 위에 집을 지을 것인가
반석 위에 집을 지을 것인가

사람의 머리에 기준을 둘 것인가
사람의 심령에 기준을 둘 것인가

육신의 생각을 따를 것인가
성령의 생각을 따를 것인가

반석이 있는 곳까지 올라가서 볼 수 있을 때여야만 보이기 시작하나니 그때서야 목숨 걸고 선택하시게!
이때야 사망과 생명의 두 갈래 길이 확실하게 보이게 되나니 예수를 믿기만 하면 다 구원이요, 생명의 길을 간다고 말하지 말자.
반석이 앞에 나타날 때부터가 선택의 길이 주어져야만 되나니 계산해 보고 망대 짓기를 결정하듯이, 길 떠나기 전에 맑은 정신으로 깨어 있어 죽음을 각오하고 길을 떠날 차비를 하세.
시편 1편의 말씀을 깊이 묵상하고 길을 떠나도록 하세.

사랑에 눈멀어 버린 당신.

이 현란하고 아름다운 위대한 우주를 우리에게 다 넘겨 주고도

아무런 대가를 바라지 않는 사랑에 눈멀어 버린 당신.

이기와 욕심으로 파괴시켜가는 줄 알면서도

영악하게 이익만을 위해 이 아름다운 우주를 팔아먹고 살아가는

숫자에 밝은 인간들을 시퍼렇게 두 눈 뜨고 보면서도

기다릴 줄밖에 모르는 사랑에 눈먼 당신.

이 세상을 구원하기 위한 사랑에 눈멀어 버린 당신.

이 세상을 심판하고 멸망시키기 위함이 아니라

이 세상 사람들을 구원하고 사랑하여

새로운 세상 안으로 온전케 세워가기 위한 그 큰 사랑만 오늘은 보이네.

그러기에 나도 그렇게 당신처럼 살아가기를….

사랑에 눈멀어 버린 당신 된 나이기를….

"이렇게 불어오길 소망한다"

입술의 말과 마음의 말을 통해서

그의 입술의 열매와 내 마음의 열매.

그는 입술로 자연스레 하는 말들이지만, 그 말들이 결국 내 마음을 괴롭게 하고 만다.

그는 육으로 자기 삶을 잘 살고 있는 사람이지만, 나는 내 마음을 무겁게 만드는 환경이 되고 만다. 그래서 내 마음이 나를 괴롭게 만들고 있다는 사실을 또 보고 있다.

싸움질하고 있는 내 마음의 선악세계를 들여다보고 있으면서 어찌하여 이 그림자들의 싸움을 보며 아직도 완전히 넘어서지 못하고 지금도 제자리 걸음마를 하고 있는 것인지 정말로 내가 한심하다는 생각을 하게 된다.

언제쯤 이놈의 인간(선악) 세상을 떠나게 될 것인가!

언제까지 채찍으로 사용하고 있는 저 사역자에게서 벗어나게 될 것인가!

이러할 때마다 과거지향적인 삶으로 돌아가는 내 마음을 보면서 나는 내가 싫기 때문이다.

나에게 만큼은 큰 사역자였다는 것을 알게 된 지가 얼마 되지는 않았지만, 그래도 역시 좋지는 않다.

정말로 나를 사역하시는 보이지 아니하는 하나님을 나는 사랑하지만, 이렇게 사용하시는 보이는 사람만큼은 사랑할 수가 없다. 아니, 사랑할 능력이 내게는 없다.

하나님은 보이지 않지만, 모든 피조물들은 우리에게 보인다.

나는 이 피조물들은 하나님의 창조물들이기에 우리에게 볼 수 있도록 내어주신 큰 선물이라고 본다.(특히, 사람들만큼은 하나님의 니스마트를 재료로 하여서 창조하신 피조물 아닌가!)

그러므로 사람들을 대할 때 하나님 자신에게서 나오는 빛의 그림자들로 바라보고 그 그림자들을 통해서 참 실체를 찾아내기만 한다면 얼마든지 축복받은 사람이라는 사실을 알게 되고 그리할 때마다 진정한 감사와 찬양이 나오게 될 것이라는 사실이다.

그런데, 이 그림자들을 통해서 실체를 찾아내고 그 실체를 보면서 기쁨으로 산다고 하는 것이 그리 쉬운 것만은 아니요, 힘든 삶이라는 것이다.

그러나 언젠가부터 하나님이 보이는 하나님으로 살아가게 된다면 그 그림자들이 그리 중요하게 여겨지지 않을 것이며 그저 인간이 살아갈 환경뿐이라고 알게 될 것이 아닐까 싶다.

어떤 모습으로 만나서 살게 된다 할지라도 모든 피조물들은 그림자라는 사실을 인정하고 인간이 하는 짓거리들에 관심 둘 필요 없이 그냥 그 순간마다 파라게타이 하면 될 것을…!

이제는 끝이 났는가 하면, 또 시작이고 또 끝이 났는가 하면 또 시작으로 반복되는 그 생활이 이제는 염증이 난다.

오늘로써 완전히 끝이 났으면 참 좋겠다. 아니, 끝을 내고 말아야만 한다. 이제는 더 이상 한 발자국도 또다시 걸어서는 안 된다. 왜냐하면, 너무 시간이 아깝지 아니한가!

말씀 연구하고 묵상하는 일에만 열정을 쏟는다 해도 내게 주어진 시간이 얼마나 남아있다고…!

생산성 없는 그런 그림자들의 싸움으로 남은 시간들을 소모시킬 수는 없다.

그렇게 보내기에는 인생으로 남아있는 시간들이 너무 아깝다는 생각이 든다.

피조물들끼리의 싸움.

입술의 열매와 마음의 열매.

너의 입술의 말과 내 마음의 말.

내 입술의 말과 너의 마음의 말.

이 열매들을 들여다보면서 나는 다시 한 번 오늘 하루 내가 맺은 마음의 열매들이 어떤 것들이었는가 돌아다본다.

너의 입술의 열매를 통해서 내 마음의 열매를 확실하게 들여다보니, 내 마음의 열매가 선악의 열매를 아직도 따먹고 있다는 사실을 보면서 나는 완전히 여기를 떠나려고 결심한다.

이 모습으로는 더 이상 이렇게 계속 살아갈 수는 없다고 결론을 내린다.

"모든 피조물들은 그림자"라고, "모든 사람은 하나님의 니스마트가 재료"라고, 그러기에 모든 피조물이 다양하듯이 모든 사람들의 혼들도 다양하다고, 그러기에 너는 하나님의 마음을 알아가고 그 마음을 간직하고 그 마음을 채우는 일에만 열정을 다하라고….

하나님이 쓰시는 사람 사역자(그림자)를 통해서 실체를 찾게되고 그 실체의 속마음을 알게 되어 그 속마음으로 내 마음속을 채워가는 일만 하였어도 큰 소산이었으나 앞으로는 그 그림자들끼리 싸우는 곳에는 잠시라도 기웃거리지 말자고.

영의 열매만 거두어들이는 삶의 현장으로 내 몸을 드리기를 힘쓰자고.

추수 때의 타작마당의 일꾼처럼….

내 영혼의 열매만 거두어들이는 삶의 현장이 되기를 바라는
마음으로 이 생산성 없는 그림자들 싸움에서 떠나기로 결심한
다.

똥이 무서워서 피하는 것이 아니라, 더러워서 피하는 것이지
만, 아무리 힘들어도 내 마음속의 이 똥(선악)까지도 치우고 간
다면 내게는 더할 나위 없는 행복이겠거니와, 똑같이 이 나그네
와 행인의 길을 가는 길이 즐거움이 되는 사람들에게는 그 다음
단계의 길에 유익이 주어지리라!

이 진리 안에서 기뻐하고 즐거워하자.   아 - 멘.

신선한 바람

폭-자고 깨어나니 새벽 1시였지만,
더 잠을 자려고 계속 누워있었으나
시간이 흘러갈수록 잠을 잘 수가 없도록
편안해지지를 않고 무엇인가가 불편해지기 시작하였다.
그래도 더 잠을 자려고 묵상을 하면서 누워 있었는데
웬걸, 갑자기 기침까지 시작하더니만,
몸을 일으키지 않으면 안 될 상황까지 이르렀다.
일어나 앉아 있다가 결국에는 시편을 읽기 시작했다.
시편 속에서 머문 시간이 한참 흘러가고 결국에는
내 영혼의 삶의 노래로 한 곡조 부르고 지나갈 수밖에 없구나!
내 영혼의 하늘 정원 안에서
어찌 이리도 시원한 바람이 불어오고 있는 것일까!
신선한 공기와 더불어 청아한 새들의 노랫소리가
내 영혼 안의 세계를 너무 아름답게 해주고 있구나!
저 신선한 맑은 공기를 내뿜어 주는 생명나무들.

192

의와 희락과 평강의 산소들을 내뿜어 주는 영혼들.

그리스도 도연, 그리스도 선희, 그리스도 서윤.

저들의 삶을 통하여 풍겨 나오는 그리스도의 향기들.

내 영혼을 신선함으로 살게 해 주는구나!

사람 신들의 노랫소리에 귀 기울이고 숨을 죽일 수밖에 없구나!

내 귀를 열어 주시고, 내 눈을 열어 주시고, 내 마음을 열어 주셔서

저 바람소리들을 듣게 하시고, 저 신선한 공기들을 마시게 하시니

내 어찌 행복하지 않으리요. 내 어찌 감사치 않으리요.

사람 신들의 노랫소리가 어찌 이리도 청아할까?

남편이요, 두 며느리로만 보이던 가족 식구들이었는데

어떻게 이렇게 그때가 지나가고 생명나무들로 보이게 되는 것일까!

그 생명나무들에서 뿜어 나오는 산소와 마찬가지로

그 사람 나무들에서 떨어지는 삶의 열매들이 어찌 이리도 달고 맛이 있는 것일까!

달고, 오묘하고, 신선하고, 풍성한 입술의 열매들과 그 삶의 열
매들이 너무 귀하구나!

그리스도 예수의 사람들 입에서 나오는 성령의 열매들을 받아
먹는 이 즐거움.

정말 정말 신기하고 놀랍고 놀라웁구나!

신선놀음에 도끼자루 썩는 줄 모른다는 설화도 있지만, 내가
썩어 버림을 당한다 할지라도 이 삶이 너무 좋은걸 어떡해!

나는 이 하늘정원 안에 심겨진 살아있는 실체들의 생명체들을
통해서

지금 숨을 쉬고 있고 세상의 어떤 부귀영화가 주는 기쁨보다
더한 기쁨을 받고 있다.

내가 그들에게 주는 것이 아니라, 그들이 내게 신선한 산소를
공급해 주고 있다.

나를 지금 살게 하고 있으니! 정말 좋다.

아……

어찌, 이런 날을 볼 수 있고, 이런 날들을 맞이할 수가 있게 되
었단 말인가!

"예수 그리스도의 날들 안에서 그리스도를 보겠느냐?"라고 하시던 그 말씀이 내게 임하였단 말인가!

어쨌든 간에 그동안에 나 자신은 정말 여한이 없는 여인으로 살아 왔지만,

슬픈 자화상으로 비치던 것이 기쁜 자화상으로 바뀌게 될 줄이야!

꿈엔들 어찌 알았으리요…!

토-브, 토-브하도다.

깊도다. 하나님의 지혜와 지식의 풍성함이여!

그의 판단은 헤아리지 못할 것이며 그의 길은 찾지 못할 것이로다

누가 주의 마음을 알았느냐 누가 그의 모사가 되었느냐

누가 주께 먼저 드려서 갚으심을 받겠느냐

이는 만물이 주에게서 나오고 주로 말미암고 주에게로 돌아감이라

그에게 영광이 세세에 있을 지어다 (롬 11:33-36) 아-멘.

10년 그후에도

10년마다 나의 모습을 들여다볼 수 있는 증거물인 글들이 있어서 정말 좋구나!

오늘은 하루 종일 "로고이들"이 살아가는 삶에 대하여 깊이 생각하면서 주어진 하루의 삶을 살았으나 웬일인지 퇴근길에서 울컥하니 마음에 솟구침이 올라오면서 천년의 사랑이야기도 이만하면 끝이 나고 이제는 영원의 사랑을 어떤 모습으로 하면서 살아야 하는지! 그리고 어떠한 환경을 조성해 가야 할지…!

묵상이 주어지면서 참 그리움이 사랑으로 찾아오는 것을 느꼈다.

정말로 이렇게 침묵할 수밖에 없는 것일까!

옛날 같으면 내게 그리움이 찾아오면, 깨알 튀기듯이 가만히 있을 수가 없었는데 오늘 나를 들여다보니 많이 성장된 모습을 볼 수가 있어서 옛 기록장을 뒤져 보았더니만, "방황"이라는 제목으로 써놓은 것이 두개가 있어서 옮겨 놓으려한다.

쇠 철판에 튀겨지는 깨와 같았던 때의 나.

바람에 흔들리는 창문 같았던 때의 나.

침묵이 그리움으로 흔들리는 오늘 같은 때의 나.

"나"라고 하는 한 사람의 삶의 세월 속에서 육체가 살아있는
동안은 방황이 끊임 없겠지만, 그 방황의 질감이 어떠한지를 만
져볼 수가 있구나!

또다시 10년의 세월이 주어질 리는 없겠지만…!

또다시 기쁨이 찾아오네.

방황

하루 종일 마음이 흔들렸었네
바람으로 흔들리는 창문같이…
내 마음도 나를 마구 흔들었네
사랑과 미움의 선을 오르락내리락
정신없이 정신없이…

하루 종일 마음이 무거웠었네
대장간에 올려가는 쇳덩이처럼…
내 마음도 나를 끌어 올렸네
죽음과 삶의 삼팔선을 오르락내리락
정신없이 정신없이…

하루 종일 마음이 괴로웠었네
달구어진 쇠판에 튀겨지는 깨알처럼…
내 마음도 나를 마구 튀겼다네
가난과 부함의 가름선을 오르락내리락
정신없이 정신없이…

하루 종일 생각이 피곤했었네
허허벌판을 홀로 걷는 나그네처럼…
내 생각도 나를 끌고 다녔네
높은 산과 넓은 들로 오르락내리락
정신없이 정신없이...

잔잔한 호숫가로 인도되길…!
평강의 말씀으로 잠재워지길…!

방황, 결국엔 감사함으로

오늘은 바람이 매우 심하다.

창문을 흔들어도 어쩜 저렇게 흔들어댈까?

하늘의 구름은 시시각각으로 변하여

아주 아주 밝은 햇빛이 내려 쬐이다가

금세 캄캄해지고 또 다시 반짝했다가

또 다시 캄캄해지는 그런 날씨를 보여주고 있다.

어쩌면 인간인 내 마음속도 그러하진 않았는지…!

요즘에는 아주 아주 많이 평이해진 마음을

내가 볼 수가 있다. 그런데, 지금

올릴 글을 찾다가 너무나 재미있는

나의 옛사람인 나와 나의 것들을 찾아내었다.

아— 내게도 정말 재미있는 시절이 있었구나!

아마도 대한민국에서 가장 겁쟁이가 누구인가를 선발했다면,
일등은 맡아 놓고 내가 뽑혔을 것이다.
그랬던 "난데..!"
그렇게도 겁 많은 나라서 안절부절, 콩닥콩닥…
애타하던 내 옛 모습이 있었음을 들여다보며
빙그레~ 웃을 수 있는 지금의 여유가 있음에
감사하며 오늘 날씨와 너무나 걸맞는 글이라
생각되어 이 글을 옮겨 놓으려 한다.

세상은 어리석음으로

어리석기에
고통을 지불하는
분노의 시간들이 있나이다

어리석기에
늘 도망을 꿈꾸지만,

여전히 찾아가는 도피성은
당신뿐이오니
어찌 하오리까!

내게서 피하지 말아 주소서
내게서 멀리하지 말아 주소서

배 안의 병신자식일지라도
날 버리지 말아 주소서!

홀로서기를 두려워하는
이때를 어찌 벗어날 수 있을까요

황무지에 홀로 서 있습니다.

스스로 살아 내라고
기꺼이 살아야만 한다고…

홀로서기란 이런 것이라고…

사는 날까지 살아보겠습니다

추수의 계절

지금까지 살아온 모든 나의 외부환경들이 결국에는 나 자신의 내면세계를 탐색할 수 있는 좋은 시간과 장소를 열어준 마당이었다. 지금 이 탐색의 시간을 잠시 멈추고 멍석을 깔아 놓는다.

어떠한 열매들이 떨어질까!

68년의 흐르는 세월 속에서 흘러가는 세대와 시간마다 무엇을 심고 가꾸고 키워 왔는가. 선악 삶의 열매들을 잘 발효시켜서 생명을 살리는 일을 했는가. 아니면, 선악의 삶을 부패시켜서 제1의 나까지도 함께 버리는 일을 해왔는가.

이보다 더 무서운 심판이 어데 있으랴…!

내면의 세계를 탐색하는 시간들이 없었다면, 지금 같은 이 시간까지도 주어지지는 않았을 것이다.

추수의 계절. 넉 달이 지나야 추수하는데….

지금 추수를 기다리고 있는 나를 보며 웃어야 될지 울어야 될지…!

낙타까지도 이제는 짐꾼이 아니라, 수십억에 달하는 게임 장의 도박 장난감으로 등장되는 이 어마어마한 축복과 재앙의 시대가 열려있는데 나는 어찌하여 이러한 시시콜콜한 짓거리만 하려고 하는가!

하여튼지간에, 나는 이런 시간이 가장 행복한 순간이 된다.

이제부터는 내 항아리 속에 선악의 열매들은 차곡차곡 담아서 발효가 잘 되도록 철저히 밀봉을 해놓아야만 되겠다.

이 일만이 내가 할 일이다.

내 안에서 선악의 열매들을 잘 발효시켜서 내 속 깊은 곳에 있는 그 생명이 살게 되는 맛있는 포도주로 그리고 또 다른 한 생명이 살아가는 데 맛을 내게 하는 삶을 살아갈 수 있게 된다면 이 땅 위에 내가 온 목적에 보너스를 곁들여 받는 삶이 아니겠는가…!

선악의 열매들은 밀봉하여 숙성으로 잘 발효시켜서 생명을 살리는 발효식품이 되게 하고 생명의 열매들은 게시하여 생명에서 생명으로 더 살아가도록 양식으로 나누면서 살아가야 할 남은 나의 인생의 삶이 아닌가 싶어 새롭게 다짐해 본다.

결국에는…

결국에는
모두 각자가 각기 제 길로 가는 것을
왜 그리도 싸우면서 살아왔을까!
이제사, 전쟁에서 놓임을 받는 것 같다.
"그대가 옳아!"
그렇게 살아야 해, 그렇게 살아야만 해.
그런데, 난 그동안 그렇게 살 수가 없었어!
참으로 이상한 눈을 가지고 있었기에
도무지 도무지 그렇게 살 수가 없었어!
"내가 그르지 않았겠나!"
내가 보면 그대가 그르게만 보였고
내가 옳게만 보였으니까…!
그러니, 날마다 날마다 전쟁이 끝날 리가 없었고
피 흘리는 전쟁터에서 살고 있었지.
이제, 이 늙은 낙타가 죽고 나니

온 세상이 조용해지는 것 같구나!

이제사 가던 길을 멈추고 땅을 향하여 조용히 눕는다.

그대는 하늘이어야만 하고 나는 땅이어야만 한다는 그놈의 정.

내가 하늘이어야만 하고 그대는 땅이어야만 한다는 그놈의 욕심.

이 가시와 엉겅퀴인 논리 세상 때문에 빚어진 비극이었네.

피차, 하늘이면 어떻고 땅이면 어떻겠나!

당신이 하늘이 되면, 나는 땅이 되고

내가 하늘이 되면, 당신은 땅이 되어

그냥 살면 된다는 것을 왜 몰랐을까!

이제사 그 낙타가 죽고 나니

그 자리에서 한 올의 바람이

그리고 한 줌의 흙이 보이네.

우리 이제부터 이렇게 살아가면 안 될까!

당신이 하늘이 되면, 나는 땅이 되고

내가 하늘이 되면, 당신은 땅이 되어

한 세대 그렇게 그렇게 그냥 그렇게….

(이제사 내 영혼이 평안히 눕는 것을 보겠구나!)

지혜로운 장사꾼!

달란트 비유를 통해서 나를 달아보나이다.
다섯 달란트, 두 달란트, 한 달란트.
받은 대로 얼마만큼 장사를 했나 계산해보려 하니,
숫자와 액수로 계산될 것이 아니요,
존재가 존재됨으로 계산될 것이라는 것을 보네.
내가 그동안 살아온 생이 복 받은 자의 삶이었지만,
더 나아가 복 자체로서의 삶이었기에,
이방의 세상에 와서 나그네와 행인의 길을 걷노라고
그렇게도 나 스스로가 고뇌하고 번민하고
유리하고 방황했었다는 것을 저울에 달아보았네.
마태복음 저울 위에 올려놓고 달아보니 더욱 그러하네.
외부환경으로부터 다가오는 재난과 재앙.
그리고 내면의 세상에서 일어나는 마음의 재난과 재앙.
밖의 재앙과 축복 그리고 안의 재앙과 축복.
어떻게 상관하여 계산해 봄으로 수확의 열매를 거둘 것인가!

나의 남아있는 이 고깃덩이의 때를 깊이 생각해 보지 않을 수
가 없구나!
지금까지도 잘 살아왔듯이 더 잘살아 가겠지만!
그러나,
항상 이 길 안에서는 역전이 늘 있을 수도 있는 일이니,
기름이 떨어지지 않도록 깨어 신랑 맞을 준비하는 여인처럼
바람의 소리에도 귀를 기우리며 살아가자.
먹고 먹히는 세상에서
팔고 사고 하는 세상에서
주고 받고 하는 세상에서….

파랑새 한 마리

우주와 지구 여행은 못해봤지만,
내가 다녀본 만큼 안에서는
두 눈 부릅뜨고 찾아보아도
그 어느 곳에도 파랑새는 없었다.
내 마음속 안에서도
하늘과 땅 안을 다 찾아 헤매도
역시나 그곳에도 없었다.
마음속 너머의 세상에서
어느 날 내게 찾아온 파랑새 한 마리.
난 미칠 듯이 눈멀어 쫓아다녔네
하늘 여행, 땅 여행
슬픔과 기쁨으로
절망과 소망으로
고독과 충만으로
사랑과 미움으로

자유와 구속으로
평화와 전쟁으로
시기와 질투로
상처와 오만으로
진실과 거짓으로
이해와 불신으로
어둠에서 빛으로
빛에서 어둠으로
그동안 눈멀게 했던 한 마리 파랑새.
내 속에 사랑이란 씨앗 뿌려놓고
함께 손잡고 동행하며 기르더니만
이제 어데로 또 날아가려나!
슬퍼해야 할지, 기뻐해야 할지!

죽 한 그릇의 사랑

몇 년 전부터 감기 몸살이 너무 자주 찾아오고 있지만 어제도 하루 종일 너무 아파서 힘들게 보냈는데 저녁도 먹지 않고 누워서 잤더니만, 소변이 마려워 일어나니 새벽 2시30분.

어제 하루는 몸이 못 견디게 아팠지만, 그런 중에도 몸이 아픈 것보다 더 힘들게 아팠던 것은 육신적인 남편의 따뜻한 사랑의 손길이 어찌도 그리 그리워지는지!

육신 남편이라는 대상이 참으로 내게는 요술방망이 같은 요상스러운 존재인가 보다.

왜 하필이면, 꼭 육신 남편의 사랑만을 기다리는가!

그런 사랑을 기대하고 기다리는 내 자신이 싫었다.

어제 지나간 일들을 통해서 이 시간 나를 살펴본다.

왜 나는 내가 사는 것이 힘들고 아프면, 무엇 때문에 육신의 남편이라는 대상을 향하여 마음의 화살을 들고 겨냥하며 그리워하고 있는 것인지!

죽음의 시간이 찾아온 그 앞에서도 이러할 것인지….

사랑의 화살이 날아가면, 오죽이나 좋겠냐마는 사랑의 화살보다는 먼저 독화살이 날아가고 있으니, 그리하고 있는 내 마음을 보노라면 정말 싫은 것이다.

내 마음속에 도사리며 똬리를 틀고 있던 뱀이 먼저 쏜살같이 튀어나오니 어쩌겠는가!

이놈이 바로 이 세상 사랑인 에고(욕심과 정)란 놈.

곧 슬픈 나의 자화상이다.

아직까지도 살아 남아있는가!

이 그림자 사랑에 울고 웃는 어리석은 나.

율법의 완성, 곧 사랑으로 완전히 처리된 줄 알았는데 아직도 아니 되어져 남아 있는 것을 보니 배 위에 두 손 올려놓아야만 될 일인지도 모르겠다.

나의 그림자 허상을 붙들고 싸움질 하는 어리석음의 사람, 또한 꺼풀의 껍질을 벗어놓고 떠나는구나!(그러나 하늘을 향해 날던 실존의 존재가 새로운 몸으로 다시 태어나기 위해 땅속으로 잠을 자려고 들어가는 것 같은 그런 느낌이다.)

죽음이 주어지는 그 시간 앞에서도 사랑의 화살이 날아갈지언정 독화살은 그만이어라!

그 독화살이 내게 향하여 나를 죽이면, 그는 살 것이며 그것이 곧 나는 죽고 사랑의 화살만 남아 다시 사는 내가 될 것이다.

그 사랑의 화살은 그 누구도, 그 무엇도 다 살릴 수 있는 능력

그림자 사랑을 그리워하는 어리석은 자여!

네 안에서 살고 있는 참사랑에게로 달려가라.

그리하면 그깟 죽 한 그릇의 사랑이랴!

만물을 갖고 있는 그 사랑일진대!

나의 회고록

처음부터 인간의 사랑으로는 사랑할 수 없었던 내 약한 마음 상태 속에서 환경에 의해서 당신과 결혼할 수밖에 없었던 나와 당신과의 사이였다.

"너는 이 사람하고 결혼을 해야만 돼! 그래야만, 너는 사랑받고 귀여움을 받고 살 수 있어!"라고 말씀하셨던 나의 어머니의 말씀이 생생하다.

오빠의 강한 반대에도 불구하고 오빠와 나를 누르고 일을 끝까지 성사시킨 고집스러우셨던 어머니!

외동딸에 대한 극진한 사랑이셨을 것이다.

남편 될 사람을 사랑할 능력이 없었음에도 환경과 나의 약한 마음이 결국에는 "결혼"이라는 관념의 단어에 이끌려서 결혼을 했다.

사랑 없는 결혼.

결혼식을 중요시하는 전통의 결혼.

"결혼"에 대한 내 환상 하나만 가지고 결혼을 했으니(구체적

인 결혼생활에 대한 준비나 두 사람의 삶의 목표나 목적 그리고
가정 계획에 대한 설계라는 것은 꿈에도 이야기 해 본 적이 없이
막연하게 결혼하게 된 것이었다.)

살아가기 시작하면서 하루하루 마음에 갈등이 생기기 시작했
고 살아가는 것이 두려웠고 겁이 나기 시작했다.

세상에 대하여는 겁쟁이였고 남편과 환경에 대하여는 의문투
성이였고, 나에 대하여는 늘 어머니가 말씀하셨던 대로 "나는 백
치 아다다"라는 단어를 마음속으로 인정하기 시작했고 그렇게
"현모양처"가 되어 살기를 꿈꾸던 내 환상의 세상.

내면의 꿈꾸던 결혼의 삶은 점점 무너지기 시작했고 내 마음
의 결혼생활의 꿈은 펼쳐 보지 못하고 오히려 외롭고 고독하게
마음 세상은 살아가게 되었던 것이었다.(사랑을 주고 받는 좋은
환경. 마음들의 따스함을 맛볼 수 있는 그곳)

남편의 사랑 속에서 시부모의 사랑과 형제들의 사랑을 받으며
그 속에 파묻혀서 자식 낳고 온 식구들을 사랑하고 섬기고 아끼
면서 살아가고자 하는 그런 환상에 사로잡혀 있던 현모양처의
꿈.

현실 속에서 환경이 드러나고 점점 더 내 꿈이 깨어져 갈 때마
다 실망의 나락이 땅으로 떨어지기 시작했으니 얼마나 현실이

두렵고 의심이 많았었는지 이제사 확실하게 보인다.

　그래도 살아야겠다는 의지가 강하게 작동했던 것은 자식사랑 하나 만큼은 미칠 듯이 나를 사로잡았고 행복을 누리게 했던 것이 지금까지 살아오게 된 동기인 것이었다.

　따뜻하고 자상하고 인정 많고 진실하면서 능력의 가장으로서 가정을 이끌어가는 남편상을 원했지만, 한결같이 소나무처럼 변화를 기대할 수 없었던 남편상에 대한 실망감과 좌절감. 이것이 나를 힘들게 한 것이었다.

　친정어머니가 말씀하신 대로 세상의 "백치 아다다"인 나였음에도 불구하고 그 결혼상에 대하여는 꽉 쥐고 내려놓을 줄을 몰랐던 것이었다.

　얼마나 바보가 힘들었겠나!

　그때 그 당시는 몰랐지만, 끔찍한 세월이었다. 그러나 지금까지 잘 살아 이겨내며 살아온 힘이 있었던 것은 지금에 와서 보니, 내 몸속에는 어떠한 신이 살아 있었던 것이었다.

　삶의 현장에서 그때그때마다 세상을 벌벌 떨면서도 이겨낼 수 있었던 것은 그 고비고비를 넘어올 수 있게 했던 그 무엇인가가 내 몸속 안에서 꿈틀거리면서 함께 살아 주었기 때문에 살아 내었던 것이 분명하다.

세상이 무섭고 불안하고 두려워서 염려와 근심으로밖에는 살 수 없었던 바보. 보이지 않게 정신병자의 모습으로 살 수밖에는 없었다. 그러나 내 속 안에서 이끌고 가는 신의 발견이 주어짐으로부터는 세상에 대한 용기가 자라기 시작했고 점점 담대해져서 지금에는 세상도 사람도 무서울 것이 없는 사람이 되어 가고 있음을 볼 수가 있다.

"남편"이라는 상(像)도 깨어져가고 "아내"라는 꿈도 깨어져 간 상태 속에서 보이는 것은 "세상 무엇과도 바꿀 수 없는 사랑스러운 두 아들들" 외에는 그 무엇도 없었기에 이 세상을 그래도 힘 있게 살아온 것이라고 본다.

첫째로는 내 몸 안에 새겨진 신의 형상(타인에 의해)이 나를 이끌어 주었기 때문에 행복하게 살 수 있었고 둘째로는 내 몸으로 낳은 내 자식들이 있었기 때문에 내 스스로(자의로)가 그들에게 이끌리어 그렇게 행복하게 살 수 있었다.

그랬으니, 인간 부부의 사랑은 없었고 의무와 책임뿐이었지, 알맹이 인간 부부의 사랑은 처음부터가 없었던 것이었다.

그래서 남편이라는 당신은 버리고 홀로 살고 싶어 했고, 자식들이라는 두 아들은 사랑하고만 싶어 함께 있고 살고 싶어 했던 것이었다.

그러나 그랬던 그 남편은 지금 살아 있어 나와 함께 살고 있고, 그랬던 두 아들들은 다 떠나가고 둥지들을 틀고 잘 살고들 있다. 인간 사랑은 다 떠나가고 나 홀로 서서 살고 있다는 말이다.

가족 식구들이 있어도 없어도 아무 상관되지 않는 상태로서의 나로… 이제는 신의 아들이 되고 또 사람의 아들이 된 상태 속에서 하나의 몸으로 하루하루를 살아가고 있을 뿐이다.

죽음도 삶도 한 가지로 보이고, 고난도 즐거움도 한 가지로 보이고 사나 죽으나 똑같은 하나라고 의식되는 나로서 살아가고 있다.

세상을 몰라서 그렇게도 겁이 많아 두려움으로 살던 그 "백치 아다다"가 이제는 사라지고 떠나서 어데론가 가버리고 몸만 남아있는 존재로서 살고 있으니 어느 누가 나를 잡아 묶을 수가 있으랴!

속은 바람인데! 나와 똑같이 바람인 존재들이나 이 몸이 살아 있는 동안 나의 손을 붙잡고 함께 흘러흘러 갈 수 있으리라!

육신의 남편이여!

나를 육신의 아내나 여자로 보지마라.

이제는 당신의 육체의 욕구를, 그리고 당신의 겉마음이나 만족케 해주는 위로자가 아니라, 당신의 영혼 속에 스쳐 지나갈 바람 같은 존재라는 것을 알고 붙잡으려 들지 말고 내 몸 안에서 불고 있는 그 바람을 깊이 들이 마시라.

그동안 44년 함께 살아온 인간의 부부로서의 책임과 의무로서의 부부의 생은 끝났고, 인간의 육정과 정으로는 더 이상 살아갈 수 없게 된 우리 부부로서의 관계성이 되었으니 이제는 그저 육체가 살아있는 날까지 나란히 나란히 더 좋은 목표를 향해서 각자 자기의 길을 걸어가자구요.

이것이 넘겨주고 싶은 간절한 나의 사랑이라는 것을 알고 받아서 가슴속에 고이 간직하면 우리 두 사람이 남은 날 동안에 더 행복하여질 것이고 그렇지 못하면 그런대로 자기 행복들을 살아야 되지 않겠나 싶소이다.

단 한 가지, 빈 생각, 빈 마음, 빈 몸으로 우리 각자가 한 방향을 바라보며 살다보면, 어느 날, 우리 두 사람 사이에 걸어온 이 길이 가장 잘 살아왔던 길이었다는 것을 내가 알게 된 것같이 당신도 알게 될 것이오.

우리 두 사람 사이에 항상 거친 바람이라도 지나갈 수 있도록 비어 놓는 통로의 공간이 있었다는 것이 정말로 축복이었다는 것을 알게 되리라!

그때 그 시절을 돌아보며

차라리 옷이 없어도, 양식이 없어도
가난한 집으로 구걸하러 갔었더라면
찬밥덩이 얻어먹고라도 마음 따뜻하게
세상 넋두리라도 할 수 있었을 텐데….
어찌하여 큰 부잣집 문 앞에서 구걸을 했던고!
고깃덩이와 새 옷을 얻을 수는 있었을지라도
세상살이 덕담할 수 없어 답답다 못해 터져 나온 질병들.
그동안 왜 큰집, 작은집 기웃거리며
거지노릇을 해야만 했던고!
헌옷과 새 옷을 얻어 입고
그것이 내 옷인 양 가장하고 살아야만 했던고!
입술에 풀칠을 위하여 가장한 위선자.
"도적떼들이 모두어 놓은 재물덩이에서 부스러기 얻어 가지
면 그것은 도둑이 아니더냐?"라고 반문하시며 가르쳐 주신 사
랑의 음성.

"영혼 구원"이란 상표를 내어걸고
사랑과 헌신으로 위장해서 사는 종교 모리배처럼
나는 모리배가 아니었더란 말인가!
나는 도적이 아니었더란 말인가!
그렇게 살았으면 그것으로 족할 것이지
무엇이 더 아쉬워 그리 섭섭해 할꼬!
죽어 마땅하지 않겠나!
쌀 대신 죽 먹고 살면 되고
죽 대신 밀가루 먹고 살면 되지!
밀가루도 없으면 물 먹고 살면 되지 않겠나!
이런 인간인 나에게
계속해서 하늘 문을 열어 주셨다면
큰일 날 사람이었네요. 끔찍해요.

시계바늘

지금까지 살아온
내 삶이 나를 속였을지라도
나는 절대로 후회하지 않으리
얼마나 깊고 깊은 그 사랑을 받았는고!

만약에 내 삶이 나를 속였을지라도
정말로 손해날 것은 한 톨도 없잖아
얼마나 많은 것을 누리고 살아왔는데
무엇을 더 바래! 더 바랄 것이 없구먼!

돌아가는 시계바늘 바라보며
서로 사랑이 시작된 자들의
숨 고르기가 초침소리로 들려오는데
끝없는 이야기 소리로 멈출 길이 없는데!
째깍째깍….

종자는 못 속여

거룩, 진실, 자유, 초월, 생명, 사랑.

그 속성을 갖고 계신 아버지의 씨를 받아 태어난 종자이기에 속일 수가 없네.

결국 좇아간다는 것이 거룩이요, 진실이요, 자유요, 초월이요, 생명이요, 사랑이로구나.

이와 같은 것들뿐일진대!

어찌 이 세상에 살면서 사람으로서 사람답게 잘 살아갈 수가 있겠는가!

본성 자체와 속성 자체가 하나님 아버지의 피를 이어받고 인자를 받았으니 이세상과 이세상의 것들(육신의 정욕, 안목의 정욕, 이생의 자랑)로는 아무리 잘 살아 보려고 해도 하면 할수록 점점 더 멀리 멀리 세상에서 떠나게 되는 이 노릇을 어찌할 것인가!

이래서 씨(혈통, 족보)를 중요히 여길 수밖에 없는가 보다.

이 세상은 유전인자가 무엇이냐에 따라서 모든 만물들이 살아가고 있다.

콩은 콩으로, 팥은 팥으로, 사자는 사자로, 여우는 여우로.

낳는다 (겐나오) — 혈족(게노스) — 되다(기노마이)

아버지 속에 있는 그 유전인자와 아들 속에 있는 유전인자.

그 중에 들어있는 성품과 기질.

거룩과 사랑과 선과 진실과 자유와 생명과 초월을 본다.

높은 하늘에 바람이 불어 구름들을 빗쓸고 지나가는 것처럼 그것들로 한 폭의 그림을 그려내는 신의 손길을 바라본다.

이 빈 마음 공간 안에 채워가는 한 폭의 그림을 그리는 화가의 손길을 보고 있다.

이 텅 비어있는 푸토코이들의 나라.

붓을 들고 그려가는 한 폭의 완성품을 향한 오늘의 부요!

이것이 이 세상에 살고 있는 오늘의 행복이요, 보람이다.

바람이 구름을 몰고 가듯, 성령의 바람이 불어와 거룩의 옷으로, 생명의 옷으로, 자유의 옷으로, 마음껏 갈아입혀서 하늘을 채우고 마음껏 날아오르는 오늘 하루의 행복감!

돈을 벌고 모아야 행복하고, 또 그 돈을 써야 행복한 이 세상.

지식을 얻고 채워야 행복하고 또 그 지식들을 써먹어야 행복한 이 세상에서 건강을 지키고 그 건강을 잘 사용해야 잘 살아갈 수 있는 행복한 이 세상에서 사랑을 주고받고 서로 유대 관계를 잘 이어가야만 잘 살수가 있는 이 세상에서 지랄같이 살고 있는 내 모습.

TV 연속극 <세 번 결혼하는 여자> 속에서 부부의 대화 내용 중에 남편 왈.

"당신은 그 지랄 같은 성격 때문에 망할 거야."

아내 왈.

"그래, 나는 지랄 같은 성격 때문에 지랄같이 살다가 지랄같이 죽을 것이다."라고 말한 그 대화의 내용처럼 나도 살고 있다.

지금도 그 대사 내용은 나를 강하게 끌어당기고 있다.

오로지, 아버지의 능력, 아들의 능력, 나의 능력이 세상을 쥐고 흔드는 그런 능력과는 아무 상관이 없는, 세상과는 아주 멀리 멀리 떠나가는 지랄 같은 것.

그것이 나를 이 초월의 세계로 이끌고 가고 있다.

성령의 바람으로 채워가는 그 즐거움으로, 살아가는 행복밖에는 관계되지 아니하니 어찌 하겠는가!

날이 가면 갈수록, 점점 더 두려움 없이 개들도 먹지 않고 돼지들도 먹지 않는 썩을 놈의 미친 짓.

"지랄 같은 짓거리" 세상 다 망하는 짓거리인데.

그러나 떠나가면 떠나갈수록 좋고 또 좋아지니 어쩔까!

이것이 내게는 행복이여라!

오늘도 불고 지나가는 성령의 바람의 흔적마다 마음속 깊은 빈 공간 안에 한 폭의 살아있는 그 사랑의 실체가 실체다운 실체로 되어가고 있구나!

살아 있는 아름다운 자연.

살아 움직이는 산 그림이어라!

이 아름다운 세상이 이렇게도 지금 내 몸 안에서 존재하고 있는 것을 어찌하리요!

나의 참회록

요즈음에 와서는 하루하루가 흘러갈수록 하고 싶은 일이 생겨나기 시작한다. 성경 속의 흐름을 전하고 생명에 관하여 나누며 내가 가지고 있는 그 실체를 누군가에게 지혜롭게 넘겨주고 싶은 그런 마음이 생겨나기 시작했다.

'유다'의 바람기와 '다말'의 상식 밖의 짓거리.

내가 나를 보아도 참으로 이 세상 상식으로는 용납할 수 없는 무모한 짓을 하고 살아왔기 때문인 것이다.

이제는 지혜롭고 슬기롭고 현명하게 살고 싶다. 어느 곳에서 어떻게 해야만 이 세상에서 물의를 일으키지 아니하고 조용히 심비의 성경 역사를 펼쳐 나갈 수가 있을까!

그동안 7-8년 간의 작은 공동체 안에서 임상실험을 해 본 우리 부부의 삶의 모습 안에서 내 자신과 남편의 자존심을 자근자근 짓밟아버리면서까지 무모한 짓거리를 했었는데 이제는 더 이상 이렇게 살아서도 아니 되지만, 정말 이렇게 살지 않으리라.

230

내 안에서 이제 임상실험이 끝이 났고 실체가 살아가는 삶의 모습만 남았는데 내 어찌 살아낼 것인가!

이미 쏟아버린 물, 다시 담으려 하지 말고, 새로운 물을 받아 새롭게 살아가야만 한다.

참회하는 마음으로 내 살아온 삶의 보상을 위해서 일을 해야 겠다는 확신이 주어진다.

나 하나 이렇게 현숙한 여인이 되기까지 희생된 일등공신인 남편과 내 가족들에게 내 마음으로 보답하기 위해서라도 나는 남은 날들을 열심히 살아야 한다.

최선을 다하여!

성경 속에 흘러가는 흐름만을 전하고 참 생명에 관하여 나누며 내 안에 살고 있는 그 실체와 그의 삶의 길을 성경책 속에서 한 장, 한 장 풀어 펼쳐서 넘겨주는 일과 그리되어질 수 있는 방향을 제시해 주고 싶다.

그리고 때를 따라 만나게 되는 사람마다 육신적으로도 이 세상에서 나처럼 살지 말고 지혜롭고 똑똑하고 현명하여서 이 세상 남자나 여자나 똑같이 모두가 '현숙한 여인'의 모습으로 자라서 이 세상 삶을 잘살도록 돕고 싶은 마음이 꿈틀대고 있을 뿐이다.

이러한 일을 구체적으로 하면서 남은 하루하루를 살다 보면 나로 하여금 자근자근 밟아 죽임을 당한 남편의 자존심도, 어리석어서 저질렀던 수치와 부끄러움뿐인 나의 자존감도 새롭게 회복될 날이 올 것이며, 이렇게 살아왔던 7−8년 간의 세월이 한순간 '하늘 페넌트'로 남편과 내 눈앞에 펼쳐짐을 보게 되리라.

'여호와 닛시'가 '나의 닛시'로, '우리 부부의 닛시'로…!

돕는 배필

갈대처럼 흔들리며 살면서도 부러지지는 않았네.
갈대처럼 바람에 흔들렸지만,
생명의 뿌리는 더욱 깊이깊이…
생각 없이 순수한 마음으로 한 말 한 마디가
그렇게도 심한 폭풍을 몰고 올 줄은 정말 몰랐었네.
인생의 길이라 생각하면 너무 슬퍼 지금도 눈물이 나는구나!
그러나 신의 몸으로서의 인생길이라면
오히려 기뻐해야 할 일!
어차피,
이별을 미리 고해버리고 사는
내 마음 세상 안에서 폐허가 된들,
이것마저도 무슨 의미가 있으랴!
오히려,
이곳에 루하 엘로힘의 정액 뿌림이 있었구나!

더욱이,
부활시키기 위해 살랑살랑 불어오는 바람까지도 곁들여 있었
으니
이 신묘막측한 일을 인간의 두뇌로 어찌 알 수 있었으리요.
이렇게도 살아갈 수 있다는 것에 감사하자. 행복해 하자.
가자. 가자. 아자 아자. 화이팅!

나는 나를 사랑한다

누가 내게 사랑하고 싶은 사람이 누가 있냐고 묻는다면,
나는 이제는 당당히 말하리라.
바로 '나' 라고….
그리고 또 자신들 스스로가 '나' 라고 말하는 사람들을 사랑하
리라.
그 이유를 말하라고 한다면, 나는 이렇게 말하리라.

나는 사랑할 능력도 없지만,
삶의 책임과 의무를 충실히 행하며 살아온 이유가
나를 사랑하고 있는 '그 사랑' 을 가지고 있는
'현재의 나' 이기 때문이라고….
그 사랑은 나를 이렇게 편히 놓아주었고
또한 모든 "네페쉬 하―야"들을
이렇게 편히 놓아줄 수 있도록 해 주었기 때문이다.

비유를 들자면,

내가 아무리 애지중지 사랑스러워하는 고래가 있을지라도

그를 내 침대에 눕혀 놓는다면,

그 침대가 그에게는 천국이겠는가!

산속에 살고 있는 앵무새를 길들여 함께 살겠다고

내 집 안방 속에서 살게 한다면,

그가 천국을 사는 것이겠는가…!

예수를 믿어서가 아니라,

나를 이렇게 편히 놓아준 그 사랑이

내 안에서 살고 있어 내게 속한 모든 네페쉬 하—야들을

나와 같이 살게 해주고 있으니 말이다.

이 사랑을 갖고 있는 내가 나는 너무너무 좋다.
그리고 나는 내가 너무너무 자랑스럽다.
그러므로 나는 나를 사랑하고 있고 사랑할 것이다.
내 육신 생명 다 하는 날까지 나는 나를 사랑할 것이다.

말씀 한 구절이 생각난다(요한복음 14장21절).
더 확실하게 확인하고 난 후에야 잠자리에 들고 싶어
개역성경, 한영해설성경, NIV성경, 톰슨주석성경, 만나성경을
하나씩 다 끌어다가 다 찾아보았지만
이 깊은 뜻을 밝혀주는 데에는
원어성경과 KJV성경이 더 확실하게 밝혀주고 있음을
확인하고 나니까 무게 있는 기쁨이 주어져
이 기쁨을 나 혼자만 누릴 것이 아니라,
우리 함께 나누어야겠다는 마음이 들어서 올려본다.

가장 큰 선물

2012 년아!
십이 년아, 십이 년아
욕하고 때리고
죽일 권한이 내게 있다고
큰소리치던 2012년아!
결국에는, 헛되이 물러가는구나!
달리는 세월의 기차를 타고 물러가야만 하는 2012년아!
사망이라는 종착역까지 실어다 주고서 떠나가는 2012년아!
그러나 희로애락으로 주름잡아 지어놓은
단아한 치맛자락을 내게 선물하고서 떠나가는 2012년아!
그동안 수고했다.
다시 돌아올 수 없는 세월의 흔적.
세월의 뼈마디 틈새로 스며들던 회색의 바람도
내 추억 창고에 고이 누이면서 나는 단 웃음을 지어본다.

조용히 흐르는 눈물 속에 감추어진 보화를 씻어냈던 행복도
내 추억 창고에 고이 누이면서 나는 또다시 환하게 단 웃음을
지어본다.
이제 또다시 알지 못하는 정체성을 가지고 오는 2013호를
새롭게 맞이하게 되면서 새로운 꿈을 꾸어본다.
생이여! 고마운 나의 생이여!
남은 세월도 이처럼만 살아주길….
그러나 이제는 영원한 생명에 관한 일만을 싣고서
내 생의 종착역을 맞이할 그날까지
출발역으로 시작하는 2013호의 새로운 열차가 들어오길 기다
려 본다.

표본실의 나무 한 그루

'표본실의 나무 한 그루'를 만들어 놓고 보니 신기할 뿐이다. 핸드폰에까지 사진을 찍어놓고 1978년 3월 내게 꿈속에서 거저 주신 '선물 믿음'을 그때 그 모습 그대로 그려낼 수 있다는 것이 너무나 신기할 뿐이다.

선물 믿음 '생명나무 한 그루' (알코올 병 속에 있는 표본실의 개구리처럼 담겨 있다.) 꺼내어 내 마음 밭에다 심으라고 주신 귀한 선물, 이사야서 53장의 '생명나무 한 그루' 이다.

그동안 내 마음 밭 안에 심겨져 34년 세월 동안 자라온 생명나무 한 그루.

이제 내 마음 밭에서 추수되는 모습이 이렇게 나타나는구나!

이 선물 믿음, 곧 그리스도의 믿음이 실체의 살아 있는 존재로 터치고 나와서 그 자신의 열매들을 내어놓아 세상으로 뿌려지려고 준비하고 있는 이 모습을 보면서 나는 이러한 시간들이 흘러갈수록 신비하고 신기로울 뿐이다.

스케치북을 사고 그림물감을 사고 붓을 사들고 와서 밤늦게

그리기 시작해서 결국에는 완성된 작품을 골라 오려서 작품을
만들어 놓고 보니 이런 생각이 들었다.

아~, 이것을 모든 책갈피 속에 선물로 넣어드려야겠으니 코팅
을 해서 많이 만들어야겠다고 마음을 가졌다.

거저 받았으니 거저 주어야 하는 일이 아니겠는가!

시간이 흘러갈수록 나는 신기로워질 뿐이다.

물고기 한 마리가 은어로 표기되었듯이 이 선물 믿음이 표본
실의 나무 한그루가 되어 은어가 될 줄이야!

살아 있는 하늘의 은어로구나!

이사야서를 내안에서 이루셨네.

잣나무는 가시나무를 대신하여 나며 화석류는 찔레를 대신하
여 날것이라.

이것이 여호와의 이름이 되며 영영한 표징이 되어 끊어지지
아니 하리라.

사는 것이 재미롭다

푹 자고 나니까 새벽4시.

이 숙제를 어떻게 풀어갈까?

어찌 시험답안지 작성을 해야 할까?

한 사람은 자연세상에서의 논리적이고 지식적인 욕구가 강한 사람이요, 또 한 사람은 성경적 세상에서의 논리적이고 지식적인 정열이 강한 사람인데, 이 두 부류의 사람들 사이에서 나는 나를 어떻게 바라보고 있는가!

결론은 한 사람은 무신론자로 나아갈 것이라고 하고 또 다른 한 사람은 사도로 부름 받아 목회를 하겠다고 하고….

이 두 부류의 사람들을 바라보며 나는 어떤 종류에 속하여 있나를 살펴보았다.

인생!

태어났으면 어느 누구인들 이 과정을 빼놓을 수 있으랴!

그러기에 인생이 살고 있는 것을 '인생길'이라고도 표현하지 않던가!

네 사람이 모여 있는 가운데에서 각 사람들이 다 자기 표현들을 각각 나타내고 있었던 그 시간.

그것들은 살아 있기에 살아 있다는 증거를 하는 것이요, 살아 있기에 생명운동을 하고 있다는 것뿐일진대!

그렇게 꿈틀거리고 있었던 그 모습들이야 말로 참으로 아름다운 일이 아니었던가!

지식에 대한 열정이 끊임없이 있는 것도 살아 있다는 증거요, 깨달음과 교훈이 끊임없이 주어지는 것도 살아 있기 때문에 주어지는 생명운동이 아니던가!

나는 그날 있었던 모든 일들이(그 분위기와 더불어 네 사람이 주고받았던 모든 말과 논쟁들, 그리고 그 감정의 표현들) 이제는 내게는 누림의 삶을 살 수 있도록 한 장의 사진으로 남겨두게 된 것이 되고 말았다.

시간이 흘러가면 흘러갈수록 점점 더 풍요의 삶을 누리게 되니 어찌 즐겁지 않으리요.

즐거운 곳에서는 날 오라 하여도 내 쉴 곳은 작은 집 내 집뿐이리.

내 마음은 기쁘지도 않고, 슬프지도 않고, 애잔하지도 않은데, 내 속 깊은 곳에서는 이 노래가 조용히 흘러나오고 있으니 어찌

겠는가!

　모든 감정의 표현들이 곧 생명의 꿈틀거림인데 어쩌겠어!

　그는 그 모습으로, 나는 이 모습으로….

　참으로 세상사는 것이 재미있구나!

　예수가 어떤 자에게는 디딤돌이 되었는가 하면 어떤 자에는 거침돌이 되었듯이!

　한 지붕 아래서, 한 이불 안에서 살아도 각자 각자 모두가 그렇게 사는 것인 것을…!

　사는 것이 재미있다는 것은 이런 것이 아닌가 싶어 올려 보았다.

수수대처럼

예쁘게 잘 익은 자식들
모두 다 떠나 보내고
빈 등골만 남아 있는
등 굽은 수수대처럼
들판에 홀로 우두커니 서서
바스라져 재가 되고 말
그 마지막 날의 바람을!

그 바람이
불어오기를 오늘도
고요히 기다리고 있으나
그 무엇을 더 보고 싶어
그렇게 안간힘으로 버티며
서 있는 것일까.
바람에 불려가는 알곡들 생각일까!

하나된 바보

인생의 겨울이 되어
주인이 와서 캐어가기를
목 놓아 기다리고 있는
이 사모함을 알고 계실까!
버림을 당했다고 할지라도
어쩔 수 없으리요만,

흙의 기름짐 하나만을 위하여
존재하고 있는 것이라면
이것도 어찌할 수가 없지!
신실하게 자라난 영혼 하나
이렇게 썩어가도록
그대로 둘 것인가!
내 주인은 바보.
나도 바보.

주인의 손길을 목 놓아
기다리고 속히 캐내어 주기를!
그러나
흙의 기름짐 하나만을 위하여
그대로 두신다면
어쩔 수 없겠지만,
당신은 바보.
나도 바보.
둘이 다 함께 바보.

겨울이 지나갑니다.
봄이 또 찾아오고 있습니다.
영원한 새 봄.
새로운 씨들을 담은 바구니를 들고서
주인은 다시 찾아옵니다.
썩은 거름더미 기름진 밭으로….
당신의 혈통을 이어가기 위하여….
순수한 대지로 남아 있도록
남은 때를 더 살고 있는 것 같아!

당신은 바보.
나도 바보.
우리 둘이는 이 땅에서
하나된 바보…!

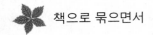 책으로 묶으면서

흠모할 만하거나 자랑할 만한 것들이라고는 티끌만큼도 없는 가정주부로 살아온 삶을 이렇게 신랄하게 열어 보인다는 것은 내가 정말 부끄럽기 그지없이 모자라는 여인임을 나는 알고 있다.

그럼에도 불구하고 이렇게 책을 만들어 내어 놓는 이유가 있으니 첫 번째로는, 나는 시인이 될 만한 타고난 재능도, 은사도 없을 뿐만 아니라, 글을 잘 쓸 수 있는 문학인의 길에 대하여는 더더욱 관심조차도 없는 자로서 다만 그날 그날의 삶을 메모장에 기록하는 일을 하면서 살아온 일밖에는 없고 또 철학이 어떤 학문인지도 모르는 우매한 여인이었지만, 하나님을 알고부터는 성경을 묵상하고 기도하는 일을 즐거워하였으며 낙서하는 그 시간을 가장 행복해 할 수밖에 없는 그런 자였다.

그리하면서도 철저한 교회 신봉자나 종교인이 되지 못하는 푼수였고 집단이나 조직에 묶이지 않는 아주 자유로운 영혼의 한 사람으로서 이 세상을 외롭게 살아가는 그런 여인이었다.

252

그러나 어느 곳에서든지 진리 안에서 자유로운 영혼을 가진 자를 만나기만 하면 왠지 즐겁고 반갑고 좋아서 힘이 솟아나는 그런 여인이었기 때문에 계속해서 메모장에 기록해 두는 일을 소홀히 하지 않은 것 같다.

그동안 내가 살아온 삶을 기록해 두었던 내용들이 차곡차곡 쌓여져 왔었는데 가만히 들여다보고 있으면 내 영혼이 살아나기에 그것들을 버리거나 불태우기에는 너무 아깝고 귀해서 책으로 만들고 싶은 마음을 갖게 되었다.

두 번째로는, 내 가슴속 안에서 이렇게 생생하게 그리고 시퍼렇게 살아있는 실체가 지금도 살고 있는데 살아있는 이 실체를 그냥 산 채로 땅에 묻어 버릴 수가 없어 이렇게 살려내지 않고서는 조용히 눈을 감을 수가 없을 것만 같아 순리에 따라 한 일이다.

아무튼 간에 이 책 안에 기록된 내용들은 내 삶의 현장에서 갈 길을 찾게 해 준 신의 음성이 들어있고 살아가야만 할 길을 잡아주는 신의 따뜻하고도 엄한 손길이 들어있다는 사실이다.

때로는 나침반으로, 때로는 비타민으로 역할을 톡톡히 하여준 글들이라는 생각이 든다.

<결국에는 생명이다>라는 옷을 입고 나온 첫 번째 책은 가벼

운 느낌으로 만나게 됐다면, <바람이 불어오길 기다린다>라는 옷을 입고 나갈 두 번째 책은 묵직한 느낌으로 만나게 될 것이라고도 볼 수 있으나 이 두 책의 깊이가 주는 선물은 차이가 있으리라!

두 번째 책이 더 깊고, 더 넓고, 더 높음을 감지하게 될 뿐만 아니라 우리들이 현실 속에서 생활하면서 영적 삶의 적용을 좀 더 가볍고 쉽게 접할 수 있게 될 수도 있는 이야기들이 되리라는 생각도 해보게 된다.

하나님이 내게 베풀어 주신 삶의 현장 속에서 여한이 없이 받으며 살아온 내 영의 아버지의 크신 사랑과 내 영혼의 어머니의 끝 간 데 없는 사랑의 수고가 결국에는 오늘날의 나로 이렇게 살게 하여준 힘이 들어있기 때문에 조금도 주저하지 않고 부끄러워하지도 않으며 두려움 없이 당당하게 이 책을 만들어 내어 세상 밖으로 흩뿌려 보려 한다.

하나님의 모든 영광과 존귀가 우리 모두에게 있기를 소망하면서….

- 우리가 전한 것을 누가 믿었느냐 여호와의 팔이 누구에게 나타났느냐

- 그는 주 앞에서 자라나기를 연한 순 같고 마른 땅에서 나온 뿌리 같아서 고운 모양도 없고 풍채도 없은즉 우리가 보기에 흠모할 만한 아름다운 것이 없도다

- 그는 멸시를 받아 사람들에게 버림 받았으며 간고를 많이 겪었으며 질고를 아는 자라 마치 사람들이 그에게서 얼굴을 가리는 것 같이 멸시를 당하였고 우리도 그를 귀히 여기지 아니하였도다

- 그는 실로 우리의 질고를 지고 우리의 슬픔을 당하였거늘 우리는 생각하기를 그는 징벌을 받아 하나님께 맞으며 고난을 당한다 하였노라

- 그가 찔림은 우리의 허물 때문이요 그가 상함은 우리의 죄악 때문이라 그가 징계를 받으므로 우리는 평화를 누리고 그가 채찍에 맞으므로 우리는 나음을 받았도다

- 우리는 다 양 같아서 그릇 행하여 각기 제 길로 갔거늘 여호와께서는 우리 모두의 죄악을 그에게 담당시키셨도다

- 그가 곤욕을 당하여 괴로울 때에도 그의 입을 열지 아니하였음이여 마치 도수장으로 끌려 가는 어린 양과 털 깎는 자 앞에서 잠잠한 양 같이 그의 입을 열지 아니하였도다

- 그는 곤욕과 심문을 당하고 끌려 갔으나 그 세대 중에 누가 생각하기를 그가 살아 있는 자들의 땅에서 끊어짐은 마땅히 형벌 받을 내 백성의 허물 때문이라 하였으리요

- 그는 강포를 행하지 아니하였고 그의 입에 거짓이 없었으나 그의 무덤이 악인들과 함께 있었으며 그가 죽은 후에 부자와 함께 있었도다

- 여호와께서 그에게 상함을 받게 하시기를 원하사 질고를 당하게 하셨은즉 그의 영혼을 속건제물로 드리기에 이르면 그가 씨를 보게 되며 그의 날은 길 것이요 또 그의 손으로 여호와께서 기뻐하시는 뜻을 성취하리로다

- 그가 자기 영혼의 수고한 것을 보고 만족하게 여길 것이라 나의 의로운 종이 자기 지식으로 많은 사람을 의롭게 하며 또 그들의 죄악을 친히 담당하리로다

- 그러므로 내가 그에게 존귀한 자와 함께 몫을 받게 하며 강한 자와 함께 탈취한 것을 나누게 하리니 이는 그가 자기 영혼을 버려 사망에 이르게 하며 범죄자 중 하나로 헤아림을 받았음이니라 그러나 그가 많은 사람의 죄를 담당하며 범죄자를 위하여 기도하였느니라

이사야 53:1~12